岩 波 文 庫

33-111-1

憲 法 義 解

伊 藤 博 文 著
宮 沢 俊 義 校註

岩 波 書 店

凡　例

本書は、国家学会から一八八九(明治二二)年に刊行された伊藤博文著『帝国憲法皇室典範義解』を収める。改版にあたり、底本には、同書を収めた岩波文庫本『憲法義解』(宮沢俊義校註、一九四〇年)を用いた。一九四〇年岩波文庫本における方針を以下に再掲し、また改版にあたり新たに行った処理の方針をその後に記す。

一九四〇年岩波文庫本における方針(改版においても踏襲)

一、原本の文章には原則として濁り点や句読点はなく、また、仮名は片仮名が用いられているが、本書では条文以外の文章にはすべて濁り点および句読点をつけ、かつ、片仮名を平仮名に改めた。ただし、西洋の地名や人名あるいはこれに準ずるもの(たとえば「フロリン」)は片仮名のままとした。

一、原本の文章中にある二行割註はすべて一行に組んだ。ただし、本文と区別するため、活字は本文より小さくした。なお、原本ではきわめて稀にこの割註を丸括弧で囲んでいるが、本書ではこれを全部丸括弧で囲んだ。

一、各条項のおわりにある註はすべて校註者のものである。校註者の註は各条項のおわりに置くを原則とするが、簡単なものは便宜上、本文中に挿入した。ただし、その場合は〔 〕で囲み、これを原文から区別した。

一、なお、すべて〔 〕で囲まれてある言葉は、その本文中であると、註における引用文中であるとをとわず、すべて校註者のものである。

一、校註者の註で古典を引用する場合は、読者の理解しやすいように、あるいは原文に返り点(および送り仮名)を付け、あるいはこれを仮名まじり文に書き下した。

一、校註者の註では義解稿本(『大日本帝国憲法義解』の稿本で『憲法義解』の共同審査会の原案とせられたもの)と伊東本(『大日本帝国憲法義解』の英訳)を適宜参照した(それらについては「解題」を見られたい)。前者を参照した理由はあえて説くまでもないが、後者を参照したのは、その訳者が伊藤博文を助けてわが憲法草案の起草に重要な役割をつとめた人であり、かつ、義解稿本を基礎としての審査にも参加した人であることにかんがみ、その訳本にあらわれた見解は本書の解釈にとっても少なからず参考となりうるであろうと考えられるからである。

（一九四〇年、宮沢俊義）

改版にあたっての方針

一、漢字の旧字は新字とした。また、伊藤博文の「義解」本文は旧仮名遣いのままとし、宮沢による註は新仮名遣いとした。

一、条文も含め、全体にわたり新仮名遣いによる振り仮名を加えた。

一、代名詞、接続詞、副詞については、一定の基準に基づき漢字を平仮名にした。（之→これ、其→それ、及→および、又→また、若→もし、猶→なほ、雖→いへども、蓋→けだし、聊→いささか、屢→しばしば、稍→やや、等）

一、一部、送り仮名を補った語がある。（必→必ず、曰→曰く、独→独り、等）

一、引用箇所には「　」を、書名には『　』を補った。

一、一九四〇年岩波文庫本の註では、古典の引用は岩波文庫所収の『古事記』（幸田成友校訂、一九三七年）、『日本書紀』（黒板勝美編、全三巻、一九二八〜三一年）等に依り、該当ページ数が付されていたが、改版においてはページ数を割愛した。

一、「義解」本文における漢文引用は、返り点が付されている場合はそれに従って、また註に読み下しが付されている場合はそれを参考に、読み下し文に差し替えた。

一、改版にあたり補った説明には、〔 〕を付した。

一、一八八九年刊行の『帝国憲法皇室典範義解』やいわゆる「義解稿本」等を参照し、旧版の明らかな誤りは訂正した。

一、以上、本文全般にわたり、国分航士氏の助力を得た。

一、内容理解の助けのために、大日本帝国憲法各条文の前に、【 】で見出しを付した。見出しの作成にあたっては、高見勝利氏の助力を得た。

一、新たに解説(坂本一登氏)を付した。

（二〇一九年、岩波文庫編集部）

校註者はしがき

本書に収められたのは大日本帝国憲法および皇室典範の半官的な逐条説明書としてひろく知られている伊藤博文の「憲法義解」である。

この書は憲法典の逐条説明を内容とする「大日本帝国憲法義解」と、皇室典範の逐条説明を内容とする「皇室典範義解」の二部から成立し、その全体についての統一的題名として正確にきまったものはない。国家学会による公刊本の扉にも「帝国憲法 皇室典範 義解」といういわば複合的な題名が記されてある。しかし、実際にはその公刊以来今日に至るまで、一般に単に「憲法義解」と呼ばれているから、ここでもそれに従って両義解の全体を統一的に「憲法義解」と呼ぶことにした。この文庫本によって本書を引く場合は、従って、その「大日本帝国憲法義解」の部分であると、「皇室典範義解」の部分であるとをとわず、すべて単に「憲法義解（岩波文庫)、何頁」というように引いていただきたいとおもう。

本書の成立の経過や、その版本や、その有する政治的あるいは法律的意味については、おわりの「解題」を見ていただきたい。

「憲法義解」の著作権はその著者伊藤博文から国家学会に与えられ(その顚末についても「解題」を見ていただきたい)、従って、それは従来同会によって公刊せられて来た。今回それに校註を加えて本文庫に収めるについては、快く御諒承を賜わった同会の評議員長小野塚喜平次《おのづかきへいじ》博士はじめ当局の方々に対し、厚く御礼を申し上げたい。

校註にあたっては、原文を正確に再現すると同時に、現代の多数の読者に読みやすいように、句読点や濁り点を施し、なお、原文の理解に直接に必要と考えられる簡単な註を添えた。そのほか校註の方針の詳細については「凡例」を見ていただきたい。

この校註を行うについては多くの方々に助けていただいた。前国家学会評議員長阪谷芳郎《さかたによしろう》博士には「憲法義解」の成立の経過に関する興味あるお話を承り、かつ、貴重な「義解稿本」（これについても「解題」を参照せられたい）を貸していただいた。山崎覚次郎《やまざきかくじろう》博士には国家学会と「憲法義解」の関係についてお話を承り、同書の初版本を貸していただいた。同僚石井良助《いしいりょうすけ》教授にはわが古典についていろいろ教えていただいた。また、憲政史編纂会の尾佐竹猛《おさたけたけき》博士・岡義武《おかよしたけ》教授・鈴木安蔵《すずきやすぞう》氏・林茂《はやししげる》氏等には有益な資料を閲覧《えつらん》する便宜を与えられた。ことに林茂氏には「憲法義解」の成立の経過に関するきわめて貴重な資料を教えていただいた。この校註本をここに世に送り出すことができたのは、ひとえにこれらの方々の好意ある応援の賜物《たまもの》である。記して深厚な謝意を表したい。

校註は短日月に行われたので、誤りや不完全な点が少なくないに違いない。読者の御教示を得て逐次改善して行きたいとおもう。

昭和一五年三月

校　註　者

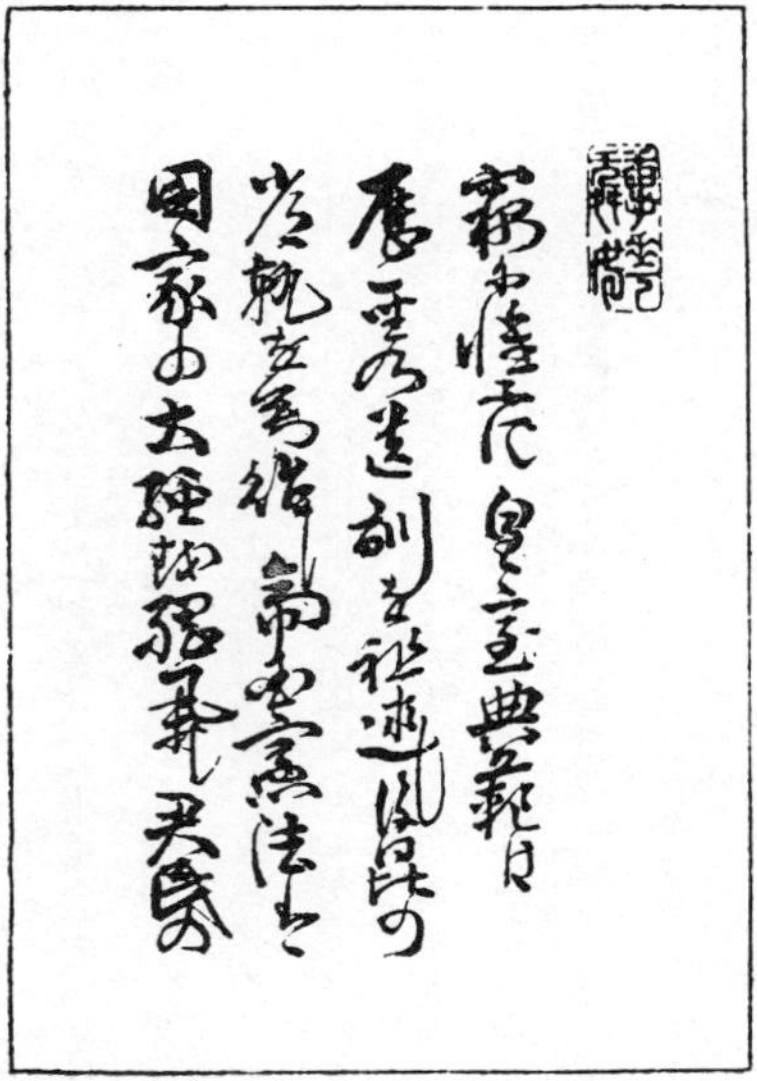

初版本にある伊藤博文の序文の一部

目 次

附　録

憲法義解

窃《ひそか》に惟《おも》ふに、（1）皇室典範は歴聖《れきせい》の遺訓を祖述し、後昆《こうこん》の常軌を垂貽《すいい》し、帝国憲法は国家の大経《たいけい》を綱挙《こうきょ》し、君民の分義を明劃《めいかく》す。意義精確、炳《へい》として日星《じっせい》の如く、文理深奥、辞の賛すべきなし。これ皆宏謨《こうぼ》遠猷《えんゆう》、一に

聖裁に由《よ》るものなり。博文窃《ひそか》に僚属と倶《とも》に研磨考窮するの余《あまり》、録して筆記と為《な》し、稿を易《か》へ、繕写《ぜんしゃ》し、名《な》つけて義解と謂《い》ふ。敢《あえ》て大典の註疏《ちゅうそ》と為すにあらず。いささか備考の一に充《あ》てむことを冀《こいねが》ふのみ。もしそれ貫穿《かんせん》疏通して、類を推《すい》し、義を衍《えん》ずるに至《いたり》ては、これを後人に望む事あり。而《しこう》して博文の敢《あえ》て企《くわだ》つる所に非《あら》ざるなり。

明治二十二年四月

伯爵　伊藤博文謹誌

（1）この序文は底本では筆書体で巻頭に掲げられてある（一〇頁参照）。句読点および濁

点は校註者のものであるが、仮名は底本でも平仮名である。それは大型本「帝国憲法義解」の巻頭にも掲げられてあるが、そこでは活字で印刷されてあり、片仮名が用いられてある。また、体裁・用字にもほんの少しの相違がある。

大日本帝国憲法義解

恭《つつしみ》て按《あん》ずるに、我が国君民の分義は既に肇造《ちょうぞう》の時に定まる。中世しばしば変乱を経、政綱その統一を弛《ゆる》べしに、大命維新、皇運隆興し、聖詔を渙発《かんぱつ》して立憲の洪猷《こうゆう》を宣《の》べたまひ、上元首《げんしゅ》の大権を統《す》べ、下股肱《ここう》の力を展《の》べ、大臣の輔弼《ほひつ》と議会の翼賛《よくさん》とに依《よ》り、機関おのおのその所を得て、而して臣民の権利および義務を明《あきらか》にし、ますますその幸福を進むることを期せむとす。これ皆祖宗《そそう》の遺業に依り、その源を疏《そ》してその流を通ずる者なり。

（1）　参照、明治元年（慶応四年）三月一四日の五箇条の御誓文、明治七年五月二日の議院憲法の詔、明治八年四月一四日の立憲政体の詔、明治一四年一〇月一二日の国会開設の勅諭、等。憲法上諭にも「明治十四年十月十二日ノ詔命《しょうめい》ヲ履践《りせん》シ茲《ここ》ニ大憲ヲ制定シ」云々と仰せられてある。

第一章　天皇

恭《つつしみ》て按《あん》ずるに、天皇の宝祚《ほうそ》はこれを祖宗《そそう》に承《う》け、これを子孫に伝ふ。国家統治権(1)の存する所なり。而《しこう》して憲法に殊《こと》に大権を掲げてこれを条章に明記するは、憲法に依《より》て新設の義を表するに非《あら》ずして、固有の国体は憲法に由《より》てますます鞏固《きょうこ》なることを示すなり。

（1）　義解稿本には「国家統治権」の代わりに「国家主権」とあった。

【国体】

第一条　大日本帝国ハ万世一系《ばんせいいっけい》ノ天皇之《これ》ヲ統治ス(1)

恭《つつしみ》て按《あん》ずるに、神祖開国以来、時に盛衰ありといへども、世に治乱ありといへども、皇統一系宝祚《ほうそ》の隆は天地と与《とも》に窮なし。本条首《はじ》めに立国の大義を掲げ、我が日本帝国は一系の皇統と相依《あいより》て終始し、古今永遠に亘《わた》り、一ありて二なく、常ありて変なきことを示し、以《もっ》て君民の関係を万世《ばんせい》に昭《あきら》かにす。

統治は大位に居り、大権を統《す》べて国土および臣民を治むるなり。(2) 古典に天祖の勅《ちょく》を挙げて「瑞穂《みずほ》の国《くに》は、是《こ》れ吾《あ》が子孫《うみのこ》の王《きみ》たるべき地《くに》なり、宜《よろ》しく爾皇孫《いましすめみまゆ》就いて治《しら》せ」(3)と云へり。また神祖を称《とな》へたてまつりて「始御国天皇《はつくにしらすすめらみこと》」(4)と謂《い》へり。日本武尊《やまとたけるのみこと》の言に、「吾《あ》は纏向《まきむく》の日代宮《ひしろのみや》に坐して大八島《おおやしま》国知ろしめす大帯日子《おおたらしひこ》淤《お》斯呂和気天皇《しろわけのすめらみこと》の御子」(5)とあり。文武《もんむ》天皇即位の詔《みことのり》に、「天皇が御子のあれまさむ弥継継《いやつぎつぎ》に大八島国知らさむ次《つぎて》」とのたまひ、また「天下を調《ととの》へたまひ平げたまひ公民《おおみたから》を恵みたまひ撫《な》でたまはむ」とのたまへり。(6) 世々の天皇皆この義を以て伝国《でんこく》の大訓としたまはざるはなく、その後「御大八洲天皇《おおやしまのくにしろしめすすべら》」と謂《い》ふを以て詔書の例式とはなされたり。(7) いはゆる「しらす」とは即《すなわ》ち統治の義にほかならず。けだし祖宗《そそう》その天職を重んじ、君主の徳は八洲臣民を統治するに在《あり》て一人一家に享奉するの私事に非《あら》ざることを示されたり。これ乃《すなわ》ち憲法の拠《より》て以てその基礎と為《な》す所なり。

我が帝国の版図、古《いにしえ》に大八島《おおやしま》と謂《い》へるは淡路島(即ち今の淡路)・秋津《あきつ》島(即ち本島)・伊予の二名島《ふたな》(即ち四国)・筑紫島(即ち九州)・壱岐島《いき》・津島(津島即ち対馬)・隠岐島《おき》・佐渡島を謂《い》へること古典(8)に載せたり。景行天皇《けいこう》東蝦夷《えみし》を征し、西熊襲《くまそ》を平《たいら》げ、彊土大《きょうどおおい》に定まる。推古天皇の時、百八十余の国造《くにのみやつこ》あり。『延喜式《えんぎしき》』(9)に至り六十六国および二島の区画を載せたり。明治元年陸奥出羽《むつでわ》の二国を分《わか》ち七国とす。二年北海道に十一国を置く。ここに於《おい》て全国合せて八十四国とす。現在の彊土は実に古《いにしえ》のいはゆる大八島・『延喜式』六十六国および各島ならびに北海道・沖縄諸島および小笠原諸島とす。けだし土地と人民とは国の以て成立する所の元質にして、一定の彊土は以て一定の邦国を為し、而して一定の憲章その間に行はる。故に一国は一個人の如く、一国の彊土は一個人の体軀《たいく》の如く、以て統一完全の版図を成す。

(1) 第一条を伊東本は次のように英訳している。"The Empire of Japan shall be reigned over and governed by a line of Emperors unbroken for ages eternal."

(2) この句を伊東本は次のように英訳している。"By "reigned over and governed," it is meant that the Emperor on His Throne combines in Himself the sovereignty of the

State and the government of the country and of His subjects."

(3)『日本書紀』巻二、「葦原《あしはら》の千五百秋《ちいおあき》の瑞穂《みずほ》の国《くに》は、是《こ》れ吾《あ》が子孫《うみのこ》の王《きみ》たるべき地《くに》なり、宜《よろ》しく爾皇孫《いましすめみまゆ》就いて治《しら》せ、行矣《さきく》、宝祚《あまつひつぎ》の隆《さか》えまさんこと、まさに天壌《あめつち》と窮《きわまり》無かるべし」。〔神代下〕

(4)『日本書紀』巻三、「古語《ふること》に称《ほ》めまうして、畝傍《うねび》の橿原《かしはら》に、底磐之根《そこついわね》に太立宮柱《みやはしらふとしきたて》、高天之原《たかまのはら》に峻峙搏風《ちぎたかしりて》、始馭天下之天皇《はつくにしらすすめらみこと》と曰《まお》し、号《みな》を神日本磐余彦火火出見《かみやまといわれひこほほでみの》天皇〔神武天皇〕と曰す」。〔神武天皇、元年正月〕

(5)『古事記』中巻、「吾《あ》は纏向《まきむく》の日代宮《ひしろのみや》に坐しまして、大八嶋国《おおやしまくにしろ》知しめす、大帯日子《おおたらしひこ》淤《お》斯呂《しろ》和気天皇《わけのすめらみこと》〔景行天皇〕の御子」。

(6)『続日本紀』巻一、「高天原《たかまのはら》にことはじめて遠天皇祖《とおすめろぎ》の御世《みよ》御世《みよ》中今《なかいま》に至るまでに天皇《すめら》が御子《みこ》のあれまさむいやつぎつぎに大八島国《おおやしまくに》知らさむ次《つぎて》と……此《こ》の食国天下《おすくにあめのした》を調《ととの》へたまひ平《たいら》げたまひ天下《あめのした》の公民《おおみたから》を恵《めぐ》びたまひ撫《な》でたまはむとなも随神《かむながら》おもほしめさくと詔《のりたまう》」云々。〔文武天皇、元年八月〕

(7)参照、『令義解《りょうのぎげ》』巻七、「公式令」、詔書式条、「明神御大八洲天皇詔旨《あらみかみとおおやしまくにしろしめすすめらがおおみことらまと》」云々。

(8)『古事記』上巻。『日本書紀』巻一。〔神代上〕

(9)『延喜式』巻二二、民部上。

【皇位継承】

第二条　皇位ハ皇室典範《こうしつてんぱん》ノ定ムル所ニ依《よ》リ皇男子孫之《これ》ヲ継承ス

恭《つつしみ》て按《あん》ずるに、皇位の継承は祖宗《そそう》以来既に明訓あり。以《もっ》て皇子孫に伝へ、万世易《か》ふること無し。もしそれ継承の順序に至《いたり》ては、新《あらた》に勅定《ちょくじょう》する所の皇室典範に於《おい》てこれを詳明にし、以て皇室の家法とし、更に憲法の条章にこれを掲《かか》ぐることを用ゐざるは、将来に臣民の干渉を容《い》れざることを示すなり。

皇男子孫とは祖宗の皇統に於ける男系の男子を謂《い》ふ。この文皇室典範第一条と詳略相形《あいあら》はす。

【神聖不可侵】

第三条　天皇ハ神聖《しんせい》ニシテ侵《おか》スヘカラス

恭《つつしみ》て按《あん》ずるに、天地剖判《ほうはん》して神聖位を正す(1)(神代紀(2))。けだし天皇は天縦惟神《てんしょういしん》至聖にして臣民群類の表《おもて》に在り。欽仰《きんぎょう》すべくして干犯《かんぱん》すべからず。故に君主は固《もと》より法律を敬重《けいちょう》せざるべからず。而《しこう》して法律は君主を責問するの力を有せず。独り不敬を以てその身体を干瀆《かんとく》すべからざるのみならず、併《あわ》せて指斥《しせき》言議の外に在る者とす。

（1）『日本書紀』巻一、「古《いにしえ》、天地《あめつち》未だ剖《わか》れず、陰陽《めお》分れずあるとき、渾沌《まろかれ》たること鶏子《とりのこ》の如く、溟涬《くくも》りて牙《きざし》を含《ふく》めり。其《そ》の清《す》み陽《あきらか》なるものは、薄靡《たなび》きて天《あめ》となり、重く濁れるものは淹滞《つづ》きて地《つち》となるに及びて、精《くわ》しく妙《たえ》なるが合《あ》へるは摶《あお》ぎ易く、重く濁れるが凝《こ》りたるは竭《かたま》り難じ。故《か》れ天《あめ》先づ成りて地《つち》後に定まる。然《しこう》して後、神《かみ》聖其の中《うち》に生《あ》れます」。〔神代上〕

『日本書紀』巻三、「神日本磐余彦天皇《かみやまといわれひこのすめらみこと》〔神武天皇〕……年四十五歳《みとしよそじあまりいつとせ》に及びて、諸《もろもろの》兄《いろね》及び子等《みこたち》に謂《かた》りて曰《のたまわ》く、昔、我が天神《あまつかみ》、高皇産霊尊《たかみむすびのみこと》、大日孁尊《おおひるめのみこと》、此《こ》の豊葦原瑞穂国《とよあしはらのみずほのくに》を挙《のたまいあ》げて、我が天祖彦火瓊々杵尊《あまつみおやひこほのににぎのみこと》に授けたまへり。是《ここ》に火瓊々杵尊、天関《あまのいわと》を闢《ひきひら》きて、雲路《くもじ》を披《おしわ》け、駈仙蹕戻止《みさきはらいおいていたります》。是の時に運《よ》鴻荒《あらき》に属《あ》ひ、時草昧《くらき》に鍾《あた》れり。故《か》れ蒙《くらくして》以て正《ただしき》を養ひ、此の西偏《にしのほとり》を治《し》らす。皇祖皇考《みおや》、乃神《かみ》乃聖《ひじり》にして、慶《よろこび》を積み、暉《ひかり》を重ね、多《さわ》に年所《としのついで》を歴《へ》たり」。〔神武天皇、即位前紀〕

『日本書紀』巻二五、「〔孝徳天皇〕詔して曰く、原夫《たずぬ》れば天地陰 陽《あめつちさむくあたたか》にして、四時《よつのとき》を相乱《みだ》さしめず。惟《おも》ふに、此《こ》れ天地万物を生《な》す。万物の内に人是《こ》れ最も霊《くしび》あり、最も霊《くしび》なる間に、聖、人主《きみ》たり。是を以て聖主天皇《ひじりのすめらみこと》、天に則りて宇 御《あめのしたしろしめ》す」。〔孝徳天皇、大化二年八月〕

『万葉集』巻三、「皇《おおきみ》は神にしませば天雲《あまぐも》の雷《いかずち》の上に廬《いおり》するかも」。〔二三五番歌〕

(2) 伊東本には“Kojiki”となっている。

【元首・統治権】

第四条 天皇ハ国ノ元首《げんしゅ》ニシテ統治権(1)ヲ総攬《そうらん》シ此《こ》ノ憲法ノ条規《じょうき》ニ依《よ》リ之《これ》ヲ行フ

恭《つつしみ》て按《あん》ずるに、統治の大権(1)は天皇これを祖宗《そそう》に承《う》け、これを子孫に伝ふ。立法・行政百揆《ひゃっき》の事、およそ以《もっ》て国家に臨御《りんぎょ》し、臣民を綏撫《すいぶ》する所の者、一に皆これを至尊《しそん》にすべてその綱領を攬《と》らざることなきは、譬《たと》へば、人身の四支百骸《ししひゃくがい》ありて、而《しこう》して精神の経絡《けいらく》はすべて皆その本源を首脳に取るが如きなり。故に大政の統一ならざるべからざるは、あたかも人心の弐三《にさん》なるべからざるが如し。ただし、憲法を親裁して以て君民倶《とも》に守るの大典とし、その条規に遵由《じゅんゆう》して愆《あやま》らず遺《わす》れざるの盛意《せいい》を明《あきら》かにしたまふは、即《すなわ》ち、自ら天職を重んじて世運と倶《とも》に永遠の規模を大成する者なり。けだし統治権を総攬《そうらん》するは主権の体なり。憲法の条規に依りこれを行ふは主権の用なり。体有りて用無ければこれを専制に失ふ。用有りて体無ければこれを散慢に失ふ。

（附記）欧洲輓近《ばんきん》政理を論ずる者の説に曰《いわ》く、国家の大権大別して二となす。曰く、立法権・行政権。而《しこう》して司法の権は実に行政権の支派たり。三権おのおのその機関の輔翼《ほよく》に依りこれを行ふこと一に皆元首に淵源《えんげん》す。けだし国家の大権はこれを国家の覚性⑵たる元首に総《す》べざれば、以てその生機《せいき》を有《たも》つこと能《あた》はざるなり。憲法は即ち国家の各部機関に向て適当なる定分《ていぶん》を与へ、その経絡《けいらく》機能を有《たも》たしむる者にして、君主は憲法の条規に依りてその天職を行ふ者なり。故に彼《か》の羅馬《ローマ》に行はれたる無限権勢の説は固《もと》より立憲の主義に非《あら》ず。而《しこう》して西暦第十八世紀の末に行はれたる三権分立して君主は特に行政権を執《と》るの説の如きは、また国家の正当なる解義を謬《あやま》る者なり、と。この説は我が憲法の主義と相発揮するに足る者あるを以て、ここにこれを附記して以て参考に当《あ》つ。

（1）「統治権」および「統治の大権」を伊東本はそれぞれ"The rights of sovereignty"および"The sovereign power of reigning over and of governing the State"と訳している。

（2）「覚性」を伊東本は"The seat of the will"と訳している。

【立法権】

第五条　天皇ハ帝国議会ノ協賛《きょうさん》ヲ以《もっ》テ立法権ヲ行フ

恭《つつしみ》て按《あん》ずるに、立法は天皇の大権に属し、而《しこう》してこれを行ふは必ず議会の協賛に依る。天皇は内閣をして起草せしめ、或《あるい》は議会の提案に由《よ》り、両院の同意を経るの後これを裁可して始めて法律を成す。故に至尊《しそん》は独り行政の中極《ちゅうきょく》たるのみならず、また立法の淵源たり。

（附記）これを欧洲に参考するに、百年以来偏理《へんり》の論一たび時変と投合し、立法の事を以て主として議会の権に帰し、或は法律を以て上下の約束とし、君民共同の事とするの重点に傾向したるは、要するに主権統一の大義を誤る者たることを免《まぬか》れず。我が建国の体に在《あり》て国権の出《い》づる所一にして二ならざるは、譬《たと》へば、主一の意思は以て能《よ》く百骸《ひゃくがい》を指使《しし》すべきが如し。而《しこう》して議会の設は以て元首を助けてその機能を全くし、国家の意思をして精錬強健ならしむるの効用を見むとするにほかならず。けだし立法の大権は固《もと》より天皇の総《す》ぶる所にして、議会は乃《すなわ》ち協翼参賛の任に居る。本末の間儼然《げんぜん》として紊《みだ》るべからざる者なり。

【法律の裁可】

第六条　天皇ハ法律ヲ裁可《さいか》シ其《そ》ノ公布及《および》執行ヲ命ス

恭《つつしみ》て按《あん》ずるに、法律を裁可し、式に依り公布せしめ、および執行の処分を宣命《せんめい》す。裁可は以て立法の事を完結し、公布は以て臣民遵行《じゅんこう》の効力を生ず。これ皆至《し》尊《そん》の大権なり。裁可の権既に至尊に属するときは、その裁可せざるの権はこれに従ふこと言はずして知るべきなり。裁可は天皇の立法に於ける大権の発動する所なり。故に議会の協賛を経といへども、裁可なければ法律を成さず。けだし古言に法を訓《よ》みて宣《のり》とす。『播磨風土記』に云ふ。「大法山《おおのりやま》今の名は勝部の岡品太《ほむだ》の天皇《すめらみこと》応神天皇この山に大法《おおのり》を宣《の》りたまふ。故に大法山といふ」と。言語は古伝遺俗を徴明《ちょうめい》するの一大資料たり。而《しこう》して法律は即《すなわ》ち王言なることは、古人既に一定の釈義ありて謬《あやま》らざりしなり。

（附記）これを欧洲に参考するに、君主法案の成議を拒むの権を論ずる者その説一に非《あら》ず。英国に於てはこれを以て君主の立法権に属し、三体（君主および上院下院をいう）平衡《へいこう》の兆証《ちょうしょう》とし、仏国の学者はこれを以て行政の立法に対する節制の権とす。そもそも彼《か》のいはゆる拒否の権は消極を以て主義とし、法を立つる者は議会にしてこれを拒否する者は君主たり。これ或は君主の大権を以て行政の一偏に限局し、或は君主をして立法の一部分を占領せしむるの論理に出づる者なるに過ぎず。我が憲法は法律は必ず王命に由《よ》るの積極の主義を取る者なり。故に裁可に依て始めて法律を成す。それ唯《ただ》王命に由《よ》る。故《ゆえ》に従て裁可せざるの権あり。これ彼《か》の拒否の権とその跡相似てその実は霄壌《しょうじょう》の別ある者なり。

【議会の召集・開閉】

第七条　天皇ハ帝国議会ヲ召集シ其《そ》ノ開会閉会停会及《および》衆議院ノ解散ヲ命ス

恭《つつしみ》て按《あん》ずるに、議会を召集《しょうしゅう》するは専《もっぱ》ら至尊《しそん》の大権に属す。召集に由《よ》らずして議院自ら会集するは憲法の認むる所に非《あら》ず。而《しこう》してその議する所の事すべて効力なき者とす。

召集の後、議会を開閉し、両院の始終を制するはまた均《ひとし》く至尊の大権に由る。開会の初《はじめ》天皇親《みずか》ら議会に臨み、または特命勅使を派して勅語を伝へしむるを式とし、而《しこう》して議会の議事を開始するは必ずその後に於《お》てす。開会の前、閉会の後に於て議事をなす者はすべて無効とす。

停会は議会の議事を中絶せしむるの謂《いい》なり。有期の停会はその期を経て再び会議を継続す。

衆議院を解散するは更に新選の議院に向て輿論の属する所を問ふ所以《ゆえん》なり。ここに貴族院を謂《い》はざるは、貴族院は停会すべくして解散すべからざればなり。

【緊急命令】

第八条　天皇ハ公共ノ安全ヲ保持シ又《また》ハ其《そ》ノ災厄《さいやく》ヲ避クル為《ため》緊急ノ必要ニ由《よ》リ帝国議会閉会ノ場合ニ於《おい》テ法律ニ代ルヘキ勅令《ちょくれい》ヲ発ス

此《こ》ノ勅令ハ次ノ会期ニ於《おい》テ帝国議会ニ提出スヘシ若《もし》議会ニ於《おい》テ承諾セサルトキハ政府ハ将来ニ向《むけ》テ其《そ》ノ効力ヲ失フコトヲ公布スヘシ

恭《つつしみ》て按《あん》ずるに、国家一旦《いったん》急迫の事あるに臨《かんが》み、または国民凶荒癘疫《きょうこうれいえき》およびその他の災害あるに当《あたり》て、公共の安全を保ち、その災厄を予防救済するために、力の及ぶ所を極めて必要の処分を施さざることを得ず。この時に於《おい》て議会たまたま開会の期に在らざるに当ては、政府は進《すすん》でその責を執《と》り、勅令を発して法律に代《か》へ、遺計無《なか》らしむるは国家自衛および保護の道に於て固《もと》より已《や》むを得ざるに出る者なり。故に前第五条に於て立法権の行用《こうよう》は議会の協賛を経と云へるはその常《じょう》を示すなり。本条に勅令を以て法律に代ふることを許すは、緊急時機のために除外例を示すなり。これを緊急命令の権とす。そもそも緊急命令の権は憲法の許す所にしてまた憲法のもっとも濫用《らんよう》を戒《いまし》むる所なり。憲法は公共の安全を保持しまたは災厄《さいやく》を避くるための緊急なる必要に限り、この特権を用ゐることを許し、而《しこう》して利益を保護し幸福を増進するの通常の理由に因《よ》りこれを濫用することを許さず。故に緊急命令はそのこれを発するに当て本条に準拠することを宣告するを式とすべきなり。もし政府にしてこの特権に託し、容易に議会の公議を回避するの方便となし、また以て容易に既定の法律を破壊するに至ることあらば、憲法の条規はまた空文に帰し、一も臣民のために保障を為《な》すこと能《あた》はざらむとす。故に本条はまた議会を以てこの特権の監督者たらしめ、緊急命令を事後に検査してこれを承諾せしむべきことを定めたり。

本条は憲法の中に於て疑問もっとも多き者とす。今逐一問目《もんもく》を設けて以てこれを解釈せむとす。第一。この勅令は以て法律の曠欠《こうけつ》を補充するに止まるか、または現行の法律を停止し、変更し、廃止することを得るか。曰《いわ》く。この勅令は既に憲法に依り法律に代《かわ》るの力を有するときは、およそ法律の為《な》すことを得るの事は皆この勅令の為すことを得る所たり。ただし、次の会期に於て議会もしこれを承諾せざるときは、政府はこの勅令の効力を失ふことを公布すると同時に、その廃止または変更したる所の法律はすべてその旧に復すべきなり。第二。議会にしてこの勅令を承諾するときはその効力は如何《いかん》。曰く。更に公布を待たずして勅令は将来に法律の効力を継続すべきなり。第三。議会にしてこの勅令の承諾を拒むときは政府は更に将来に効力を失ふの旨を公布するの義務を負ふは何ぞ乎《や》。曰く。公布に依て始めて人民遵由《じゅんゆう》の義務を解けばなり。第四。議会は何の理由に因《よ》りその承諾を拒むことを得べきや。曰く。この勅令の憲法に矛盾しまたは本条に掲げたる要件を欠きたることを発見したるとき、またはその他の立法上の意見に由《よ》り承諾を拒むことを得べし。第五。この勅令にして政府もし次の会期に於てこれを議会に提出せざるとき、或《あるい》は議会その承諾を拒むの後、政府に於てなほ廃止の令を発せざるときは如何《いかん》。曰く。政府は憲法違反の責を負ふべきなり。第六。議会もし承諾を拒むときは前日に泝《さかのぼ》り勅令の効力を取消すことを求むることを得るか。曰く。憲法既に君主の緊急命令を発して以て法律に代ふることを許したるときは、その勅令の成存するの日はその効力を有すべきは固《もと》より当然たり。(1) 故に議会これを承諾せざるときは、単に将来に法律として継続の効力を有することを拒むことを得。而《しこう》してこれを過去に及ぼすことを得ざるなり。第七。議会は勅令を修正して以てこれを承諾することを得べきか。曰く。本条の正文に依れば、議会はこれを承諾しまたは承諾せざるの二途《にと》の一を取ることを得。而《しこう》してこれを修正することを得ざるなり。

(1)　義解稿本はなおここで本条の緊急命令をイギリス法と比較し、前者は正文でみとめられる「政府の依法処分」であって、「彼の英国に謂《い》ふ所の解責法《ビル・オブ・インデムニティー》の違法の処分を免宥《めんゆう》する者と同じからず」とした。

【執行命令】

第九条　天皇ハ法律ヲ執行スル為《ため》ニ又《また》ハ公共ノ安寧秩序《あんねいちつじょ》ヲ保持シ及《および》臣民ノ幸福ヲ増進スル為ニ必要ナル命令ヲ発シ又《また》ハ発セシム但《ただ》シ命令ヲ以《もっ》テ法律ヲ変更スルコトヲ得ス

恭《つつし》て按《あん》ずるに、本条は行政命令の大権を掲《かか》ぐるなり。けだし法律は必ず議会の協賛を経、而《しこう》して命令は専《もっぱ》ら天皇の裁定に出づ。命令の由《よっ》て発する所の目的二あり。一に曰く。法律を執行するための処分ならびに詳節を規定す。二に曰く。公共の安寧《あんねい》秩序を保持しおよび臣民の幸福を増進するための必要に於てす。これ皆至尊《しそん》行政の大権に依り、立法の軌轍《きてつ》に由《よ》らずして一般遵由《じゅんゆう》の条規を設くることを得る者なり。けだし法律と命令とは均《ひとし》く臣民に遵守の義務を負はしむる者なり。ただし、法律は以て命令を変更することを得べく、命令は以て法律を変更することを得ず。もし両々相矛盾するの事あるに至れば、法律は常に命令の上に効力を有すべきなり。

命令は均《ひとし》く至尊の大権に由《よ》る。而《しこう》してその勅裁に出て親署を経る者これを勅令とす。その他閣省の命令は皆天皇大権の委任に由る。本条に命令を発しまたは発せしむと謂《い》へるは、この両般の命令を兼ねてこれを指言《しげん》するなり。

前条に掲げたる緊急命令は以て法律に代はることを得。本条に掲ぐる行政命令は以て法律の範囲の内に処分し、または法律の曠闕《こうけつ》を補充することを得るも、法律を変更し、および憲法に特に掲げて法律を要する所の事件を規定することを得ず。行政命令は常に用ゐる所にして、緊急命令は変に処する所なり。

（附記）これを欧洲に参考するに、命令の区域を論ずる者その主義一ならず。第一に、仏国《フランス》・白国《ベルギー》の憲法は命令の区域を以て専《もっぱ》ら法律を執行するに止《とど》め、而《しこう》して普国《プロイセン》の憲法またこれに模倣《もほう》したるは、君主行政の大権を狭局《きょうきょく》の範囲の内に制限するの謬見《びゅうけん》たることを免れず。けだし、いはゆる行政は固《もと》より法律の条則を執行するに止《とど》まらず。何となれば、法律は普通準縄《じゅんじょう》のためにその大則を定むるの能力ありて、而《しこう》して万殊事物の活動に対し逐一《ちくいち》にその権宜《けんぎ》を指示すること能《あた》はざるは、あたかも一個人の予定せる心志《しんし》は以て行動の方嚮《ほうこう》を指導すべしといへども、変化窮《きわま》りなきの事緒《じしょ》に順応してその機宜《きぎ》を愆《あやま》らざるは、また必ず臨時の思慮を要するが如し。もし行政にして法律を執行するの限閾《げんよく》に止《とど》まらしめば、国家は法律の曠闕《こうけつ》なる地に於てはその当然の職を尽すに由《よし》なからむとす。故に命令は独り執行の作用に止《とど》まらずして、また時宜《じぎ》の必要に応じ、その固有の意思を発動することある者なり。第二に、法理を論ずる者安寧秩序を保持するを以て行政命令の唯一の目的とする者あるは、これまた行政の区域を定むるに適当なる釈義を欠く者なり。けだし、古欧陸各国政府は安寧を保持するを以て最大職任とし、その内治に於けるは一に苟簡《こうかん》を以て主と為したりしに、人文やうやく開け、政治ますます進むに及びて、始めて経済および教育の方法に倚《よ》り、人民の生活および智識を発達せしめ、その幸福を増進するの必要を発見するに至れり。故に行政命令の目的は独り警察の消極手段に止《とど》まらずして、更に一歩を進め、経済上国民の生活を富《ふ》殖《しょく》し、教育上その智識を開発するの積極手段を取ることを務めざるべからざるなり。ただし、行政は固《もと》より各人の法律上の自由を干《おか》すべからず。その適当なる範囲に於て勧導扶掖《かんどうふえき》してその発達を喚起すべきなり。行政は固《もと》より法律の既に制定せる限界を離れずして、法律を保護し、以て国家の職を当然の区域の内に尽すべきなり。

【官制大権】

第十条 天皇ハ行政各部ノ官制及《およ》ビ文武官ノ俸給《ほうきゅう》ヲ定メ及《およ》ビ文武官ヲ任免《にんめん》

ス但《ただ》シ此《こ》ノ憲法又《また》ハ他ノ法律ニ特例ヲ掲《かか》ケタルモノハ各々《おのおの》其《そ》ノ条項ニ依《よ》ル

恭《つつしみ》て按《あん》ずるに、至尊《しそん》は建国の必要に依り、行政各部の官局を設置し、その適当なる組織および職権を定め、文武の材能《さいのう》を任用し、およびこれを罷免《ひめん》するの大権を執《と》る。これを上古に考ふるに、神武《じんむ》天皇大業を定め、国造《くにのみやつこ》・県主《あがたぬし》を置く(1)。これを立官の始めて史乗《しじょう》に見ゆる者とす。孝徳《こうとく》天皇八省を置き(2)、職官大《おおい》に備はる。維新の初《はじめ》、大宝《たいほう》の旧に依り増損《ぞうそん》する所あり。その後しばしば更張《こうちょう》を経、官制および俸給の制を定めらる。而《しこう》して大臣は天皇の親《したし》く任免《にんめん》する所たり。勅任《ちょくにん》以下高等官は大臣の上奏《じょうそう》に由《よ》り裁可してこれを任免す。均《ひとし》く皆至尊の大命に出《いで》ざるはあらず。ただし、裁判所および会計検査院の構成は勅令に依らずして法律を以てこれを定め、裁判官の罷免は裁判に依りこれを行ふは、これ憲法および法律の掲ぐる所の特例に依るものなり。

官を分《わか》ち職を設くること既に王者の大権に属するときは俸禄《ほうろく》を給与することま

た従てこれに附属すべきなり。

（附記）これを独逸《ドイツ》の史乗《しじょう》に考《ふ》るに、昔時《せきじ》、官吏の任免は専《もっぱ》ら君主および長官の随意に任せたりしに、第十七世紀に及びて帝国大裁判所の裁判官は裁判に由《よ》らざればその官を免ずること能《あた》はずとなし、この原則を帝国参事官にも適用したり。(3)(4)その後第十八世紀に至りて行政官吏の任職もまたその確定権利に属するの説《せつ》行はれ、往々各国法律の採用する所となりたりしに、第十九世紀の初《はじめ》に及びて、官吏は俸給につき確定の権利を有すといへども、その職につきこれを有することなし、故に俸給または恩給を与へてその職を免ずるは行政上の処分を以て足れりとすとの主義を論ずる者あり。(5)この論理は首《はじ》めに巴威倫《バイエルン》の官吏の職制法の掲ぐる所となり、政府は懲戒裁判に由らずして行政上の便宜に由り、官吏の官階および官階俸を存してその職務および職務俸および職服を解くことを得せしめたり（一八一八年法）。(6)独り英国は独逸各国と固《もと》よりその例を殊《こと》にし、或る一部の官吏を除くほかは、君主は随意《ずいい》に文武官を任免するの特権あるものとすること今なほ古の如きなり。

(1) 参照、『日本書紀』巻三。〔神武天皇、二年二月〕
(2) 参照、『日本書紀』巻二五。〔孝徳天皇、大化五年二月〕
(3) Reichskammergericht.
(4) Reichshofrat の成員。
(5) Gönner.
(6) Edikt über die Verhältnisse der Staatsdiener vom 26. Mai 1818.

【統帥大権】

第十一条　天皇ハ陸海軍ヲ統帥《とうすい》ス

恭《つつしみ》て按《あん》ずるに、太祖《たいそ》実に神武を以て帝国を肇造《ちょうぞう》し、物部《もののべ》・靫負部《ゆげいべ》・来目部《くるめべ》を統率し、嗣後《しご》歴代の天子内外事あれば自ら元戎《げんじゅう》を帥《ひき》ゐ、征討の労を親《みずか》らし、或《あるい》は皇子・皇孫をして代り行かしめ、而《しこう》して臣連《おみむらじ》二造はその偏裨《へんぴ》たり。天武天皇兵政《つわものの》官長《つかさのかみ》を置き、文武天皇大《おおい》に軍令を修《おさ》め、三軍を総《す》ぶるごとに大将軍一人あり。大将の出征には必ず節刀《せっとう》を授《さず》く。兵馬の権はなほ朝廷に在り。その後兵柄《へいへい》一たび武門に帰して政綱従て衰へたり。今上《きんじょう》〔明治天皇〕中興の初《はじめ》、親征の詔を発し、大権を総攬《そうらん》し、爾来《じらい》兵制を釐革《りかく》し、積弊《せきへい》を洗除し、帷幕《いばく》の本部を設け、自ら陸海軍を総《す》べたまふ。而《しこう》して祖宗の耿光《こうこう》遺烈《いれつ》再びその旧に復することを得たり。本条は兵馬の統一は至尊《しそん》の大権にして、専《もっぱ》ら帷幄《いあく》の大令に属することを示すなり。

【陸海軍の編制】

第十二条　天皇ハ陸海軍ノ編制及《および》常備兵額ヲ定ム

恭《つつし》みて按《あん》ずるに、本条は陸海軍の編制および常備兵額もまた天皇の親裁する所なることを示す。これ固《もと》より責任大臣の輔翼《ほよく》に依るといへども、また帷幄《いあく》の軍令と均《ひとし》く、至尊《しそん》の大権に属すべくして、而《しこう》して議会の干渉を須《ま》たざるべきなり。いはゆる編制の大権は、これを細言すれば、軍隊艦隊の編制および管区方面より兵器の備用、給与、軍人の教育、検閲、紀律、礼式、服制、衛戍《えいじゅ》、城寨《じょうさい》、および海防、守港ならびに出師《すいし》準備の類、皆その中に在るなり。常備兵額を定むと謂《い》ふときは毎年の徴員を定むることまたその中に在《あ》るなり(1)。

(1)　義解稿本にはなお「欧洲諸国に於て平時の兵員は毎年国会の議を経るを以て法とするが如きは我が憲法の取らざる所なり」云々と「附記」されていた。

【宣戦と講和】

第十三条　天皇ハ戦ヲ宣シ和ヲ講シ及《および》諸般ノ条約ヲ締結ス

恭《つつしみ》て按《あん》ずるに、外国と交戦を宣告し、和親を講盟し、および条約を締結するの事はすべて至尊《しそん》の大権に属し、議会の参賛《さんさん》を仮《か》らず。これ一は君主は外国に対し国家を代表する主権の統一を欲し、二は和戦および条約の事は専《もっぱ》ら時機に応じ籌《ちゅう》謀《ぼう》敏速なるを尚《たっと》ぶに由《よ》るなり。諸般の条約とは和親・貿易および聯盟の約を謂《い》ふなり。

(附記)　欧洲の旧例に依るに、中古各国の君主は往々外交の事を親《みずか》らし、英国ウヰリヤム三世〔William III〕の如きは躬《みずから》外務長官の任に当り、当時の人そのもつとも外交事務に長じたることを称賛したり。近時立憲の主義やうやくに進歩を加ふるに及《および》て、各国外交の事務また責任宰相の管掌《かんしょう》に属し、君主はその輔翼《ほよく》に倚《よ》りてこれを行ふこと他の行政事務と一般なるに至れり。那破列翁《ナポレオン》〔Napoléon〕仏国の執権〔Premier Consul〕たりし時、両国講和の文函を作り、直に英国の君主に贈りしに、英国はその書を受けて而《しこう》して外務執政〔Secretary of State for Foreign Affairs〕の書を以てこれに答へたり。今日国際法に於て、慶弔《けいちょう》の親書を除くほか、各国交際条約の事すべて皆執政大臣を経由するは列国の是認する所なり。本条の掲ぐる所は専《もっぱ》ら議会の関渉《かんしょう》に由《よ》らずして天皇その大臣の輔翼《ほよく》に依り外交事務を行ふを謂《い》ふなり。

【戒厳の宣告】

第十四条　天皇ハ戒厳《かいげん》ヲ宣告ス

戒厳ノ要件及《および》効力ハ法律ヲ以《もっ》テ之《これ》ヲ定ム

恭《つつしみ》て按《あん》ずるに、戒厳《かいげん》は外敵内変の時機に臨み、常法を停止し、司法および行政の一部を挙げてこれを軍事処分に委《ゆだ》ぬる者なり。本条は戒厳の要件および効力を以て法律の定むる所とし、その法律の条項に準拠《じゅんきょ》して時に臨《のぞみ》てこれを宣告しまたはその宣告を解くはこれを至尊《しそん》の大権に帰したり。要件とは戒厳を宣告するの時機および区域に於ける必要なる限局および宣告するための必要なる規程を謂《い》ふ。効力とは戒厳を宣告するの結果に依り権力の及ぶ所の限界を謂ふ。合囲《ごうい》の地に在《あり》て戦権を施行し臨時戒厳を宣告するはこれをその地の司令官に委《ゆだ》ね、処分して後に上申することを許す。これまた法律に於て便宜に至尊の大権を将帥《しょうすい》に委任する者なり(十五年三十六号布告)(1)。

（1）　これすなわち「戒厳令」(明治一五年太政官布告三六号)である。

【栄典の授与】

第十五条　天皇ハ爵位勲章及其ノ他ノ栄典ヲ授与ス《しゃくいくんしょうおよびそ》

恭《つつしみ》て按《あん》ずるに、至尊《しそん》は栄誉の源泉なり。けだし功を賞し労に酬《むく》ひ、および卓行《たくこう》善挙《ぜんきょ》を表彰し、顕栄《けんえい》の品位・紀章および殊典《しゅてん》を授与するは専《もっぱ》ら至尊の大権に属す。而《しこう》して臣子の窃弄《せつろう》を容《ゆる》さざる所なり。我が国太古《たいこ》簡朴《かんぼく》の世加婆禰《かばね》を以て貴賤の別を為《な》す。推古《すいこ》天皇始めて冠位《かんい》十二階を定め、諸臣に頒《わか》ち賜《たま》ふ。天武《てんむ》天皇定めて四十八階となす。文武《もんむ》天皇賜冠《しかん》を停《と》めて易《か》ふるに位記《いき》を以てす。大宝令載《さい》する所およそ三十階。これ今の位階の因《よっ》て起る所なり。また勲位十二等は以て武功を賞し、および孝弟力田《こうていりょくでん》の人に賜へり。中古以降武門専権の時に当《あたり》て、賞罰の柄《へい》既に幕府に移るといへども、叙授の儀典はなほ朝廷に属することを失はざりし。維新の後、明治二年位制を定め、一位より九位に至る。八年勲等賞牌《くんとうしょうはい》の制を定め、十七年五等爵の制を定む。これ皆以て賞奨《しょうしょう》を昭《あきらか》にし、顕栄《けんえい》の大典を示す者なり。

【恩赦】

第十六条　天皇ハ大赦特赦《たいしゃとくしゃ》減刑及《および》復権ヲ命ス

恭《つつしみ》て按《あん》ずるに、国家既に法廷を設け、法司を置き、正理公道を以て平等に臣民の権利を保護せしむ。而《しこう》してなほ法律の未《いま》だ各般の人事を曲悉《きょくしつ》するに足らずして時ありて犯人事情なほ憫諒《びんりょう》すべき者あり、立法および司法の軌轍《きてつ》遂に以てその闕《けつ》漏《ろう》に周匝《しゅうそう》なること能《あた》はざらむことを恐る。故に恩赦の権は至尊慈仁《しそんじじん》の特典を以て法律の及ばざる所を補済《ほせい》し、一民のその情を得ざる者無《なか》らしめむことを期するなり。

大赦《たいしゃ》は特別の場合に於て殊例《しゅれい》の恩典を施行する者にして、一の種類の犯罪に対しこれを赦《ゆる》すなり。特赦《とくしゃ》は一個犯人に対しその刑を赦《ゆる》すなり。減刑は既に宣告せられたるの刑を減ずるなり。復権は既に剥奪《はくだつ》せられたるの公権を復するなり。

第四条(1)以下第十六条に至るまで元首の大権を列挙す。そもそも元首の大権は憲法の正条を以てこれを制限するのほか及ばざる所なきことあたかも太陽の光線の遮蔽《しゃへい》の外に映射せざる所なきが如し。これ固《もと》より逐節叙列《ちくせつじょれつ》するを待ちて始めて存立する者に非《あら》ず。而《しこう》して憲法の掲ぐる所は既にその大綱を挙げ、またその節目《せつもく》中の要領なる者を羅列して以て標準を示すに過ぎざるのみ。故に鋳幣《ちゅうへい》の権、度量を定むるの権の如きは一々これを詳《つまびらか》にするに及ばず。そのこれを略するは即ちこれを包括する所以《ゆえん》なり。

(1)　この項はいうまでもなく、第一六条だけの説明ではなくて、大権全般に関するものである。

【摂政】

第十七条 摂政《せっしょう》ヲ置クハ皇室典範ノ定ムル所ニ依《よ》ル

摂政ハ天皇ノ名ニ於《おい》テ大権ヲ行フ

恭《つつし》みて按《あん》ずるに、摂政《せっしょう》は天皇の事を摂行《せっこう》す。故におよそ至尊《しそん》の名分《めいぶん》を除くほか、一切の大政すべて天皇の名に於てこれを行ひ、また大政につきその責に任ぜざること一に天皇に同じ。ただし、第七十五条の場合に於て制限する所あるのみ。天皇の名に於てと謂《い》へるは天皇に代《かわり》てと謂へるの義の如《ごと》し。けだし摂政の政令は即ち天皇に代りこれを宣布するなり。

摂政を置くは皇室の家法に依る。摂政にして王者の大権を総攬《そうらん》するは事国憲に係《かか》る。故に、後者はこれを憲法に掲げ、前者は皇室典範の定むる所に依る。けだし摂政を置くの当否を定むるは専《もっぱ》ら皇室に属すべくして、而《しこう》して臣民の容議する所に非《あら》ず。そもそも天子違予《いよ》の事ありて政治を親《みずか》らすること能《あた》はざるは稀《まれ》に見る所の変局にして、而《しこう》して国家動乱の機また往々此時《しじ》に伏《ふく》す。彼《か》の或国に於て両院を召集し両院合会して摂政を設くるの必要を議決することを憲法に掲ぐるが如きは(1)、皇室の大事を以て民議の多数に委《ゆだ》ね、皇統の尊厳を干瀆《かんとく》するの漸《ぜん》を啓《ひら》く者に近し。本条摂政を置くの要件を皇室典範に譲りこれを憲法に載せざるは、けだし専《もっぱ》ら国体を重んじ、微を防ぎ、漸を慎《つつし》むなり。

(1)　義解稿本ではここでプロイセン、一八五〇年憲法第五六・五七条が引かれてあった。

第二章　臣民権利義務

第二章は第一章に次ぎ臣民の権利および義務を掲《かか》ぐ。けだし祖宗《そそう》の政は専《もっぱ》ら臣民を愛重《あいちょう》して名《なづ》くるに大宝《おおみたから》の称を以てしたり。非常赦《ひじょうしゃ》の時検非違使佐《けびいしのすけ》、囚徒に仰《ぎょう》するの詞に、「公御財《おおみたから》と為《なし》て御調物《みつきもの》備へ進《まつ》れ」と云へり(『江家次第《ごうけしだい》』(1))。歴世の天子即位の日は皇親以下天下の人民を集め大詔を宣《のり》たまふの詞に「集侍《うごなわれる》皇子《みこ》等《たち》王臣百官人等天下公民諸々聞食《おおきみたちおみたちもものつかさひとたちあめのしたのおおみたからもろもろきこしめさえ》と詔《の》る(2)」とあり。史臣《ししん》用ゐる所の公民の字は即ち「おほみたから」の名称を訳したるなり。その臣民に在《あり》てまた自ら称《とな》へて御民《みたみ》と云ふ。天平六年海犬養宿禰岡麻呂《あまのいぬかいのすくねおかまろ》詔に応ずる歌に、「みたみわれ、いける、しるし、あり、あめつちの、さかゆるときに、あへらく、おもへば」(3)と謂《い》へる是《これ》なり。けだし上に在ては愛重の意を致し、待つに邦国の宝を以てし、下に在ては大君に服従し自ら視《み》て以て幸福の臣民とす。これ我が国の典故旧俗に存する者にして、本章に掲ぐる所の臣民の権利義務またこの義に源流するにほかならず。そもそも中古、武門の政、士人と平民との間に等族を分《わか》ち、甲者公権を専有して乙者預らざるのみならず、その私権を併せて乙者その享有を全くすること能《あた》はず。公民の義、ここに於て滅絶して伸びざるに近し。維新の後、しばしば大令を発し、士族の殊権《しゅけん》を廃し、日本臣民たる者始めて平等にその権利を有しその義務を尽すことを得せしめたり。本章の載する所は実に中興の美果を培殖《ばいしょく》し、これを永久に保明する者なり。

(1)『江家次第』巻一八臨時三、改元事。

(2)参照、『続日本紀』巻一［文武天皇、元年八月］。後出「皇室典範」第一一条註。

(3)『万葉集』巻六、「御民吾生有験在天地之栄時爾相楽念者」。［九九六番歌］

【臣民の要件】

第十八条　日本臣民タルノ要件ハ法律ノ定ムル所ニ依《よ》ル

日本臣民とは外国臣民とこれを区別するの謂《いい》なり。日本臣民たる者はおのおの法律上の公権および私権を享有すべし。これ臣民たるの要件は法律を以てこれを定むるを必要とする所以《ゆえん》なり。日本臣民たるに二つの類あり。第一は出生に因《よ》る者。第二は帰化またはその他法律の効力に依《よ》る者。

国民の身分は別法の定むる所に依る。ただし、私権の完全なる享有および公権は専《もっぱ》ら国民の身分に伴随《はんずい》するを以て、特に別法を以てこれを定むるの旨《むね》を憲法に掲ぐることを怠《おこた》らず。故に別法の掲ぐる所は即ち憲法の指命《しめい》する所たり。また憲法に於ける臣民権利義務の由《より》て係属《けいぞく》する所たり。

選挙被選の権・任官の権の類、これを公権とす。公権は憲法またはその他の法律に依てこれを認定し、専《もっぱ》ら本国人の享有する所としてこれを外国人に許さざるは各国普通の公法なり。私権に至ては内外の間に懸絶《けんぜつ》の区別をなしたるは既に歴史上の往事《おうじ》に属し、今日は一、二の例外を除くほか、各国大抵外国人をして本国人と同様にこれを享受することを得せしむるの傾向を取りたり。

【公務就任権】

第十九条　日本臣民ハ法律命令ノ定ムル所ノ資格ニ応シ均《ひとし》ク文武官ニ任セラレ及《および》其《そ》ノ他ノ公務ニ就《つ》クコトヲ得

文武官に登任しおよびその他の公務に就《つ》くは門閥《もんばつ》に拘《こだわ》らず。これを維新改革の美果《びか》の一とす。往昔《おうせき》門地を以て品流《ひんりゅう》を差別せし時に当《あた》りては、官を以て家に属し、族に依て職を襲《つ》ぎ、賤類《せんるい》に出る者は才能ありといへども、顕要《けんよう》に登用せらるることを得ず。維新の後陋習《ろうしゅう》を一洗して門閥《もんばつ》の弊《へい》を除き、爵位の等級は一も就官の平等たるに妨ぐることなし。これ乃《すなわ》ち憲法のこれを本条に保明する所なり。ただし、法律命令を以て定むる所の相当資格、即ち年齢・納税および試験能力の諸般資格はなほ官職および公務に就《つ》くの要件たるのみ。

日本臣民は均《ひとし》く文武官に任ぜられおよびその他の公務に就くことを得と謂《い》ふと

きは、特別の規定あるに依るのほか、外国臣民にこの権利を及ぼさざること知るべきなり。

【兵役の義務】

第二十条　日本臣民ハ法律ノ定ムル所ニ従ヒ兵役ノ義務ヲ有ス

日本臣民は日本帝国成立の分子にして、倶《とも》に国の生存独立および光栄を護《まも》る者なり。上古以来我《わ》が臣民は事あるに当《あたり》てその身家の私を犠牲にし本国を防護するを以て丈夫《じょうふ》の事とし、忠義の精神は栄誉の感情と倶《とも》に人々祖先以来の遺伝に根因《こんいん》し、心肝《しんかん》に浸漸《しんぜん》して以て一般の風気を結成したり。聖武《しょうむ》天皇の詔《みことのり》に曰く「大伴《おおとも》佐伯《さえき》の宿禰《すくね》は常《つね》も云ふごとく、天皇《すめら》が朝《みかど》守り仕《つか》へ奉《まつ》る事顧《かえり》みなき人等《ひとども》にあれば、汝等《いましたち》の祖《おや》どもの云ひ来《く》らく、『海行かば、みづく屍、山行かば、草むす屍《かばね》、王《おおきみ》のへにこそ死なめ、のどには死なじ(1)』と云ひ来《く》る人等《ひとども》となも聞《きこ》しめす」と。この歌即ち武臣の相伝へて以て忠武の教育をなせる所なり。大宝以来軍団の設あり。海《かい》内丁壮《だいていそう》兵役に堪ふる者を募《つの》る。持統天皇の時毎国正丁《せいてい》四分の一を取れるは即ち徴兵の制の由《より》て始まる所なり。武門執権の際に至て兵農職を分ち、兵武の事を以て一種族の専業とし、旧制久く失ひたりしに、維新の後、明治四年武士の常職を解き、五年古制に基き徴兵の令を頒行《はんこう》し、全国男児二十歳に至る者は陸軍海軍の役に充たしめ、平時毎年の徴員は常備軍の編制に従ひ、而《しこう》して十七歳より四十歳までの人員は尽《ことごと》く国民軍とし、戦時に当り臨時召集するの制としたり。これ徴兵法(2)の現行する所なり。本条は法律の定むる所に依《よ》り全国臣民をして兵役に服するの義務を執《と》らしめ、類族門葉《るいぞくもんよう》にかかはらず、また一般にその志気身体を併せて平生に教養せしめ、一国雄武の風を保持して将来に失墜せしめざらむことを期するなり。

(1)『続日本紀』巻一七〔聖武天皇、天平勝宝元年四月〕。参照、『万葉集』巻一八、大伴家持の歌の中、「海行者《うみゆかば》　美都久屍《みずくかばね》　山行者《やまゆかば》　草牟須屍《くさむすかばね》　大皇乃敝爾許曽死米《おおきみのへにこそしなめ》　可敝里《かへり》見波《みは》　勢自等許等大弖《せじとことだて》」云々。〔四〇九四番歌〕

(2) 憲法発布当時の現行法は、明治六年一月の「徴兵令」の後身たる明治二二年一月法律第一号「徴兵令」である。その後改正せられた(「兵役法」昭和二年四月法律第四七号）。

【納税の義務】

第二十一条　日本臣民ハ法律ノ定ムル所ニ従ヒ納税ノ義務ヲ有ス

納税は一国共同生存の必要に供応《きょうおう》する者にして、兵役と均《ひと》しく、臣民の国家に対する義務の一たり。

租税は古言《こげん》に「ちから」と云ふ。民力を輸《いた》すの義なり。税を課するを「おふす」と云ふ。各人に負はしむるの義なり。祖宗《そそう》既に統治の義を以て国に臨みたまひ、国庫の費はこれを全国の正供に取る。租税の法由《より》て来る所久し。孝徳《こうとく》天皇租・庸《よう》・調《ちょう》の制を行ひ、維新の後地租の改正を行ふ。これを税法の二大変革とす。その詳なるは志籍《しせき》に備はるを以てここにこれを註明《ちゅうめい》せず。けだし租税は臣民国家の公費を分担するものにして、徴求《ちょうきゅう》に供給する献饋《けんき》の類に非《あら》ざるなり。また承諾に起因する徳沢《とくたく》の報酬に非《あら》ざるなり。

（附記）仏国の学者はその偏理《へんり》の見を以て租税の義を論じたり。一七八九年ミラボー氏〔Mirabeau〕が仏国人民に向て国費を募るの公文に曰く。租税は享《う》る所の利益に酬《むく》ゆる代価なり、公共安寧の保護を得むがための前払《まえばらい》なり、と。エミル・ド・ヂラルヂン氏〔Emile de Girardin〕はまた説を為《な》して曰く。租税は権利の享受、利益の保護を得るの目的のために国と名《なづ》けたる一会社の社員より納《おさ》むる所の保険料なり、と。これ皆民約の主義に淵源《えんげん》し、納税を以て政府の職務と人民の義務と互相《たがいに》交換するの物とする者にして、その説巧《こう》なりといへども、実に千里の謬《あやまり》たることを免《まぬか》れず。けだし租税は一国の公費にして、一国の分子たる者は均《ひとし》くその共同義務を負ふべきなり。故に臣民は独り現在の政府のために納税すべきのみならず、また前世過去の負債のためにも納税せざることを得ず。独り得る所の利益のために供給すべきのみならず、その利益を享受せざるもまた、これを供給せざることを得ず。そもそも経費は及ぶ所倹省《けんせい》ならむことを欲し、租税は及ぶ所薄からむことを欲す。これ固《もと》より政府の本務にして、而《しこう》して議会の財政を監督し租税を議定するに於ける、立憲の要義またこれにほかならず。然《しか》るにもし租税の義務を以てこれを上下相酬の市道《しどう》なりとし、納税の諾否《だくひ》は専《もっぱ》ら享《う》くる所の利益と乗除相《じょうじょあい》関《かかわ》る者とせば、人々自らその胸臆《きょうおく》に断定して以て年租を拒《こば》むことを得む。而《しこう》して国家の成立危殆《きたい》ならざらむことを欲するも得べからざるべし。近時の論者既に前説の非を弁じて余蘊《ようん》なからしめ、而《しこう》して租税の定義わづかに帰着する所を得たり。今その一、二を挙ぐるに、曰く。租税は国家を保持するために設くる者なり。政府の職務に酬《むく》ゆるの代価に非《あら》ず。何となれば政府と国民との間に契約ありて存せざればなり(仏国フォスタン・エリー氏〔Faustin Hélie〕)。曰く。国家は租税を賦課するの権あり。而《しこう》して臣民はこれを納むるの義務あり。租税の法律上の理由は臣民の純然たる義務に在《あ》り。国家の本分とその目的とに於て欠くべからざるの費用あるに従ひ、国の分子たる臣民はこれを供納せざるべからず。国民は無形の一体として国家なる自個の職分のために資需を給すべく、而《しこう》して各人は従てこれを納めざるべからず。何となれば、各人は国民の一個分子なればなり。彼《か》の国民および各個の臣民は国家の外に立ちその財産の保護を受くるための報酬なりとして租税の義を解釈するは極めて不是なる謬説《びゅうせつ》なり、と(独国スタール氏〔Stahl〕)。ここに記して以て参考に充《あ》つ。

【居住・移転の自由】

第二十二条 日本臣民ハ法律ノ範囲内ニ於《おい》テ居住及《および》移転ノ自由ヲ有ス

本条は居住および移転の自由を保明す。封建の時、藩国疆《さかい》を画《かぎ》り、おのおの関《せき》柵《さく》を設け、人民互《たがい》にその本籍の外に居住することを許さず。ならびに許可なくして旅行および移転することを得ず。その自然の運動および営業を束縛して植物とその類を同《おなじ》くせしめたりしに、維新の後廃藩の挙と倶《とも》に居住および移転の自由を認め、およそ日本臣民たる者は帝国疆内《きょうない》に於ていずれの地を問はず、定住し、借住し、寄留し、および営業するの自由あらしめたり。而《しこう》して憲法にその自由を制限するは必ず法律に由《よ》り、行政処分の外に在《あ》ることを掲げたるは、これを貴重するの意を明《あきらか》にするなり。

以下各条は臣民各個の自由および財産の安全を保明す。けだし法律上の自由は臣民の権利にしてその生活および智識の発達の本源たり。自由の民は文明の良民として以て国家の昌栄《しょうえい》を翼賛することを得る者なり。故に立憲の国は皆臣民各個の自由および財産の安全を以て貴重なる権利としてこれを確保せざるはなし。ただし、自由は秩序ある社会の下に棲息《せいそく》する者なり。(1)法律は各個人の自由を保護し、また国権の必要より生ずる制限に対してその範囲を分劃し、以て両者の間に適当の調和を為《な》す者なり。而《しこう》して各個臣民は法律の許す所の区域の中に於てその自由を享受し綽然《しゃくぜん》として余裕あることを得べし。これ乃《すなわ》ち憲法に確保する所の法律上の自由なる者なり。

(1)　義解稿本はここで「彼《か》の仏国の権利宣告〔人権宣言〕に謂《い》へる所の天賦の自由は他人の自由に妨げざる限《かぎり》、一の制限を受けざるの説は妄想の空論たるに過ぎず」として、天賦人権説を否定した。

【身体の自由】

第二十三条　日本臣民ハ法律ニ依《よ》ルニ非《あら》スシテ逮捕《たいほ》監禁《かんきん》審問《しんもん》処罰《しょばつ》ヲ受クルコトナシ

本条は人身の自由を保明す。逮捕・監禁・審問は法律に載する所の場合に限り、その載する所の規程に従ひこれを行ふことを得べく、而《しこう》してまた法律の正条に依るに非《あら》ずして何等《なんら》の所為に対しても処罰することを得ず。必ずかくの如くにして然《しか》る後に人身の自由、始めて安全なることを得べきなり。けだし人身の自由は警察および治罪の処分と密切の関係を有し、その間分毫《ぶんごう》の余地を容《い》るること能《あた》はず。一方に於ては治安を保持し、罪悪を防制《ぼうせい》し、および検探糾治《けんたんきゅうち》するの必要なる処分をして敏捷強勁《びんしょうきょうけい》ならしむるにかかはらず、他の一方に於ては各人の自由を尊重してその界限《かいげん》を峻厳《しゅんげん》にし、威権《いけん》の蹂躪《じゅうりん》する所たらしめざるは、立憲の制に於てもつとも至重《しちょう》の要件とする所なり。故に警察および司獄官吏法律に依らずして人を逮捕しまたは監禁しまたは苛刻《かこく》の所為を施したる者はその罰私人より重からしめ（「刑法」第二百七十八条・第二百七十九条・第二百八十条(1)）、而《しこう》して審問の方法に至《いたり》てはまたこれを警察官に委《ゆだ》ねずして必ずこれを司法官に訴へしめ、弁護および公開を行ひ、司法官または警察官被告人に対し罪状を供述せしむるために凌虐《りょうぎゃく》を加ふる者は重を加へて処断す（「刑法」第二百八十二条(2)）。およそ処罰の法律の正条に依らざる者は裁判の効なきものとす（「治罪法」第四百十条・刑法第二条(3)）。これ皆務めて周匝縝密《しゅうそうしんみつ》の意を致して以て臣民を保護する所以にして、而《しこう》して拷問およびその他中古の断獄《だんごく》は歴史上既往《きおう》の事蹟《じせき》としてまた現時に再生することを得せしめず。本条更にこれを確保し以て人身の自由をして安固《あんこ》の塗轍《とてつ》に入らしめたり。

（1）　ここに引かれているのは旧刑法（明治一三年布告三六号）の条文で、現行刑法では第一九四条と第一九五条がそれに該当する。

（2）　ここに引かれているのは旧刑法（明治一三年布告三六号）の条文で、現行刑法では第一九五条がそれに該当する。

（3）　「治罪法」（明治一三年布告三七号）のこの条項は現行刑事訴訟法［大正一一年法律七五号の旧刑事訴訟法のこと］第四一〇条に該当する。旧刑法第二条「法律ニ正条ナキ者ハ何等ノ所為ト雖モ之ヲ罰スルコトヲ得ス」に該当する規定は現行刑法にはない。

【裁判を受ける権利】

第二十四条　日本臣民ハ法律ニ定メタル裁判官ノ裁判ヲ受クルノ権ヲ奪ハル、コトナシ

本条また各人の権利を保護するための要件たり。法律に依り構成設置する所の

裁判官は威権の牽制《けんせい》を受けずして両造《りょうぞう》の間に衡平《こうへい》を持し、臣民はその孤弱貧賤《こじゃくひんせん》にかかはらず、勢家権門と曲直《きょくちょく》を訟廷に争ひ、検断の官吏に対し情状を弁護することを得べし。故に憲法は法律に定めたる正当なる裁判官のほかに特に臨時の裁判所または委員を設けて、以て裁判の権限を侵犯し、各人のためにその権利を奪ふことを許さず。而《しこう》して各人は独立の裁判所に倚頼《いらい》して以て司直の父とすることを得べし。

【住居の不可侵】

第二十五条 日本臣民ハ法律ニ定メタル場合ヲ除《のぞ》ク外其《ほかそ》ノ許諾《きょだく》ナクシテ住所ニ侵入セラレ及《および》捜索《そうさく》セラルヽコトナシ

本条は住所の安全を保明す。けだし家宅は臣民各個安棲《あんせい》の地たり。故に私人にして家主の承諾なくして他人の住所に侵入することを得ざるのみならず、警察・司法および収税の官吏、民事または刑事または行政の処分を問はず、すべて法律に指定したる場合に非《あら》ずして、および法律の規程に依らずして、臣民の家宅に侵入しまたはこれを捜索することあれば、すべて憲法の見て以て不法の所為と做《な》す所にして、刑法を以て論ぜらるることを免れざるべきなり(「刑法」第百七十一条、第百七十二条)(1)。

(1)　これは旧刑法(明治一三年布告三六号)の条文で、現行刑法の第一三〇条がこれに該当する。

【信書の秘密】

第二十六条　日本臣民ハ法律ニ定メタル場合ヲ除《のぞ》ク外《ほか》信書ノ秘密ヲ侵サル、コトナシ

信書の秘密は近世文明の恵賜《けいし》の一たり。本条は刑事の検探または戦時および事変およびその他法律の正条を以て指定したる必要の場合のほか、信書を開披《かいひ》しまたは破毀《はき》して以てその秘密を侵すを許さざることを保明す。

【所有権不可侵】

第二十七条 日本臣民ハ其《そ》ノ所有権ヲ侵サル、コトナシ

公益ノ為《ため》必要ナル処分ハ法律ノ定ムル所ニ依《よ》ル

本条は所有権の安全を保明す。所有権は国家公権の下に存立する者なり。故に所有権は国権に服属し法律の制限を受けざるべからず。所有権は固《もと》より不可侵の権にして而《しこう》して無限の権に非《あら》ざるなり。故に城塁《じょうるい》の周囲線一定の距離に於て或る建築を禁ずるは賠償を要せず。鉱物は鉱法の管理に属し、山林は山林経済の標準に依り規定したる条則に由《よ》らしめ、鉄道線より一定の距離に於て樹を植《う》うることを禁じ、墓域より一定の距離に於て井を鑿《ほ》ることを禁ずるが如きの類、これ皆所有権に制限あるの証徴《しょうちょう》にして、而《しこう》して各個人の所有は各個の身体と同じく国権に対し服属の義務を負ふ者なることを認知するに足る者なり。けだし所有権は私法上の権利にして全国統治の最高権の専《もっぱ》ら公法に属する者と牴触《ていしょく》する所あるに非《あら》ざるなり(欧洲に於て和蘭《オランダ》のグロシユス〔Grotius〔フーゴー・グロティウス〕〕氏その万国公法[(1)]に於て君主はその国土に最高所有権を有するの説を唱へたり。[(2)]近時の国法学者はその意を取[(3)]

り、而《しこう》して国土主権(4)の義を以て最高所有権の名に換へたり)。

上古臣民私地を献じ、罪ありて領地を没官《もっかん》せられ、私地を売り価を索《もと》むるの事史籍《しせき》に見ゆ。孝徳天皇大化二年処々の屯倉《みやけ》および田荘《たどころ》を廃し、以て兼併《けんぺい》の害を除き、而《しこう》して隋唐の制に倣《なら》ひ班田《はんでん》の制を行ひたりしも、その後所領荘園の弊なほ盛《さかん》に行はれ、従て封建の勢を成し、徳川氏の時に至《いたり》て農民は概《おおむ》ね領主の佃戸《でんこ》たるに過ぎざりし。維新の初元年十二月大令を発して村々の地面はすべて百姓の持地たるべきことを定めたり。四年に各藩版籍を奉還して私領の遺物始めて跡を絶ちたり。五年二月地所永代売買の禁を解き、また地券を発行し、六年三月地所名称の達を発し、公有地私有地の称を設け、七年に私有地を改めて民有地とし、八年に地券に所有の名称を記載したり(地券雛形《ひながた》に日本帝国の土地を所有する者は必ずこの券状を有すべし)。これ皆欧洲に在《あり》て或は兵革《へいかく》を用ゐて領主の専権を廃棄し、或は巨大の金額を用ゐて以て佃戸《でんこ》のために権利を償却したる者にして、而《しこう》して我が国に於ては各藩の推譲《すいじょう》に依て容易に一般の統治に帰し、以てこれを小民に恵賜《けいし》することを得たり。これ実に史籍《しせき》ありて以来各国にその例を見ざる所にして、中興新政の紀念たる者なり。

公共利益のために必要なるときは各個人民の意嚮《いこう》に反してその私産を収用し以て需要に応ぜしむ。これ即ち全国統治の最高主権に根拠する者にして、而《しこう》してその条則の制定はこれを法律に属したり。けだし公益収用処分の要件はその私産に対し相当の補償を付するに在り。而《しこう》して必ず法律を以て制定するを要し、命令の範囲の外に在るは、また憲法の証明する所なり。

(1) De jure belli ac pacis, 1625.[『戦争と平和の法』]

(2) Supereminens domiuium または eminens dominium. 参照、右の書の第二篇第一四章第七節、第三篇第二〇章第七節等。

(3) たとえば Bluntschli.[ヨハン・カスパー・ブルンチュリ。スイスの法学者、政治家]

(4) Gebietshoheit (imperium).

【信教の自由】

第二十八条 日本臣民ハ安寧秩序《あんねいちつじょ》ヲ妨《さまた》ケス及《および》臣民タルノ義務ニ背《そむ》カサル

限《かぎり》ニ於《おい》テ信教ノ自由ヲ有ス

中古西欧宗教の盛《さかん》なる、これを内外の政事に混用し、以て流血の禍を致し、而《しこう》して東方諸国はまた厳法峻刑を以てこれを防禁せむと試みたりしに、四百年来信教自由の説始めて萌芽を発し、以て仏国の革命・北米の独立に至り公然の宣告を得、漸次《ぜんじ》に各国の是認する所となり、現在各国政府は或はその国教を存し或は社会の組織または教育に於てなほ一派の宗教に偏袒《へんたん》するにかかはらず、法律上一般に各人に対し信教の自由を予《あた》へざるはあらず。而《しこう》して異宗の人を戮辱《りくじょく》し或は公権私権の享受に向て差別を設くるの陋習《ろうしゅう》は既に史乗《しじょう》過去の事として(独逸《ドイツ》各邦に於ては一八四八年までなほ猶太《ユダヤ》教徒に向て政権を予《あた》へざりし)またその跡を留めざるに至れり。これ乃《すなわ》ち信教の自由はこれを近世文明の一大美果として看《み》ることを得べく、而《しこう》して人類のもつとも至貴至重なる本心の自由と正理の伸長は、数百年間沈淪茫昧《ちんりんぼうまい》の境界を経過して、わづかに光輝を発揚《はつよう》するの今日に達したり。けだし本心の自由は人の内部に存する者にして、固《もと》より国法の干渉する区域の外に在り。而《しこう》して国教を以て偏信《へんしん》を強《し》ふるはもっとも人知自然の発達と学術競進の運歩を障害する者にして、いづれの国も政治上の威権を用ゐて以て教門無形の信依《しんい》を制圧せむとするの権利と機能とを有せざるべし。本条は実に維新以来取る所の針路に従ひ、各人無形の権利に向て濶大《かつだい》の進路を予《あた》へたるなり。

ただし、信仰帰依《きえ》は専《もっぱ》ら内部の心識《しんしき》に属すといへども、その更に外部に向ひて礼拝・儀式・布教・演説および結社・集会を為《な》すに至ては固《もと》より法律または警察上安寧秩序を維持するための一般の制限に遵《したが》はざることを得ず。而《しこう》して何等《なんら》の宗教も神明に奉事するために法憲の外に立ち、国家に対する臣民の義務を逃るるの権利を有せず。故に内部に於ける信教の自由は完全にして一の制限を受けず。而《しこう》して外部に於ける礼拝・布教の自由は法律規則に対し必要なる制限を受けざるべからず。および臣民一般の義務に服従せざるべからず。これ憲法の裁定する所にして政教互相《たがいに》関係する所の界域なり。

【言論・出版・集会・結社の自由】

第二十九条　日本臣民ハ法律ノ範囲内ニ於《おい》テ言論著作印行《いんこう》集会及《および》結社ノ自由ヲ有ス

言論・著作・印行・集会・結社は皆政治および社会の上に勢力を行ふ者にして、而《しこう》して立憲の国はその変じて罪悪を成しまたは治安を妨害する者を除くほかすべてその自由を予《あた》へて以て思想の交通を発達せしめ、かつ以て人文進化のために有益なる資料たらしめざるはなし。ただし、他の一方に於てはこれ等《ら》の所為は容易に濫用《らんよう》すべき鋭利なる器械たるが故に、これに由《より》て他人の栄誉・権利を傷害し、治安を妨げ、罪悪を教唆するに至《いたり》ては、法律に依りこれを処罰しまたは法律を以て委任する所の警察処分に依りこれを防制せざることを得ざるは、これまた公共の秩序を保持するの必要に出づる者なり。ただし、この制限は必ず法律に由《よ》り而《しこう》して命令の区域の外に在り。(1)

(1)　義解稿本はここで「第二十二条より本条に至るまで各人自由の権を列挙す。けだし、憲法上の自由は各人既存の重権にしてこの重権を干犯する者は刑法治罪法の赦さざる所なり」といい、以上の規定をもっていわゆる自由権に関するものであるとした。

【請願権】

第三十条　日本臣民ハ相当ノ敬礼《けいれい》ヲ守リ別ニ定ムル所ノ規程ニ従《したが》ヒ請願ヲ為《な》スコトヲ得

請願の権は至尊《しそん》仁愛の至意《しい》に由《よ》り言路《げんろ》を開き民情を通ずる所以《ゆえん》なり。孝徳天皇の時に鐘を懸《か》け匱《ひつ》を設け諫言憂訴《かんげんゆうそ》の道を開きたまひ、(1)中古以後歴代の天皇朝殿《ちょうでん》に於て百姓の中文《もうしぶみ》を読ませ、大臣納言の輔佐《ほさ》に依り親《したし》くこれを聴断《ちょうだん》したまへり（嵯《さ》峨《が》天皇以後この事廃《すた》れたり。『愚管抄《ぐかんしょう》』）。これを史乗《しじょう》に考ふるに、古昔《こせき》明良の君主は皆言路を洞通《どうつう》し冤屈《えんくつ》を伸疏《しんそ》することを力《つと》めざるはあらず。けだし議会未《いま》だ設けず、裁判聴訟の法未だ備はらざるの時に当《あたり》て、民言を容納《ようのう》し民情を疏通《そつう》するは独《い》り君主仁慈《じんじ》の懿徳《いとく》たるのみならず、また政事上衆思《しゅうし》を集め鴻益《こうえき》を広むるの必要に出づる者なり。今は諸般の機関既に整備に就《つ》き公議の府また一定の所あり。而して《しこう》なほ臣民請願の権を存し匹夫匹婦《ひっぷひっぷ》疾苦《しっく》の訴と父老献芹《けんきん》の微衷《びちゅう》とをして九重《ここのえ》の上に洞《どう》達《たっ》し阻障《そしょう》する所なきを得せしむ。これ憲法の民権を貴重し民生を愛護し一の遺漏《いろう》なきを以て終局の目的と為すに由《よ》る。而《しこう》して政事上の徳義ここに至て至厚《しこう》なりと謂《い》ふことを得べし。

ただし、請願者は正当の敬礼を守るべく、憲法上の権利を濫用《らんよう》して以て至尊を干瀆《かんとく》し、または他人の隠私《いんし》を摘発して徒《いたずら》に讒誣《ざんぶ》を長ずるが如きは、徳義上のもつとも戒慎《かいしん》すべき所にして、而《しこう》して法律・命令または議院規則に依り規程を設くるはまた已《や》むを得ざるに出《い》づる者なり。

請願の権は君主に進むるに始まり、而《しこう》して推広《すいこう》して議院および官衙《かんが》に呈出《ていしゅつ》するに及ぶ。その各個人の利益に係るとまたは公益に係るとを問はず。法律上彼此《ひし》の間に互に制限を設けざるなり。

(1)　参照、『日本書紀』巻二五、「鍾匱《かねひつ》を朝《みかど》に設けて、詔《みことのり》して曰く、若《も》し憂へ訴ふる人、伴造《とものみやつこ》有らば、其《そ》の伴造先《ま》づ勘当《かんが》へて奏《まお》せ、尊長《ひとこのかみ》有らば、其の尊長先づ勘当《かんが》へて奏せ。若し其の伴造、尊長訴ふる所を審《あきら》かにせずして、牒《ふみ》を収めて匱《ひつ》に納《い》れば、其の罪を以て罪せむ。其の牒《ふみ》を収むる者は、昧旦《ほのくらきとき》に牒《ふみ》を執《と》りて内裏《おおうち》に奏せ。朕《わ》れ年月を題《しる》して、便《すなわ》ち群卿《まちきむたち》に示さむ。或は懈怠《おこた》りて理《ことわ》らず、或は阿党《かたちは》ひて曲《まぐ》ること有らば、訴ふる者鍾《かね》

を撞《つ》く可《べ》し。是《これ》に由《よ》りて朝《みかど》に鍾《かね》を懸け、匱を置く。天下の民、咸《ふつ》に朕が意《こころ》を知れ」。［孝徳天皇、大化元年八月］

【非常大権】

第三十一条　本章ニ掲《かか》ケタル条規《じょうき》ハ戦時又《また》ハ国家事変ノ場合ニ於《おい》テ天皇大権ノ施行ヲ妨《さまた》クルコトナシ

本章掲ぐる所の条規は憲法に於て臣民の権利を保明する者なり。けだし立憲の主義は独り臣民のみ法律に服従するに非《あら》ず、また臣民の上に勢力を有する国権の運用をして法律の検束《けんそく》を受けしむるに在り。唯然《ただしか》り。故に臣民倚《よ》りて以てその権利財産の安全を享有して専横不法の疑懼《ぎく》を免《まぬか》るることを得べし。これを本章の大義とす。ただし、憲法はなほ非常の変局のために非常の例外を掲ぐることを怠らず。けだし国家の最大目的はその存立を保持するに在り。練熟なる船長は覆没《ふくぼつ》を避け航客の生命を救ふために必要なるときはその積荷《つみに》を海中に投棄《とうき》せざるべからず。良将は全軍の敗を避くるために已《や》むを得ざるの時機に当りてその一部曲を棄《す》てざることを得ず。国権は危難の時機に際し国家および国民を救済してその存立を保全するために唯一の必要方法ありと認むるときは、断じて法律および臣民権利の一部を犠牲にして以てその最大目的を達せざるべからず。これ乃《すなわ》ち元首の権利なるのみならず、またその最大義務たり。国家にしてもしこの非常権なかりせば国権は非常の時機に際《いた》りてその職を尽すに由《ゆえ》なからむとす。

各国の憲法に或はこの義を明示し、或は明示せざるとにかかはらず、その実際に於て存立を保全する国権の権力を認許せざるはあらず。何となれば、各国すべて皆戦時のために必要なる処分を施行するは誣《し》ふべからざるの事実なればなり。ただし、常変の際、間《かん》に髪《はつ》を容《い》るること能《あた》はず。その時機の必要に非《あら》ずして妄《みだり》に非常権に推托《すいたく》し以て臣民の権利を蹂躙《じゅうりん》するが如きは、各国憲法の決して許さざる所なり。けだし正条に非常権を掲げおよびその要件を示す者は非常の時機のために憲法上の空欠《くうけつ》を遺すことを肯《がえ》むぜざるなり。或る国に於てこれを不言に附する者は臨機の処分を以て憲法区域の外に置き、議院の判決に任せ以てその違法の責を解かむとするなり。(1)而《しこう》して近世の国法学を論ずる者甲の方法のもつとも完全なるを賛称す。

（1） イギリス法の免責法（Act of Indemnity）の制度を指す。

【軍人への準行】

第三十二条 本章ニ掲《かか》ケタル条規《じょうき》ハ陸海軍ノ法令又《また》ハ紀律ニ牴触《ていしょく》セサルモノニ限《かぎ》リ軍人ニ準行《じゅんこう》ス

軍人は軍旗の下に在《あり》て軍法・軍令を恪守《かくしゅ》し、専《もっぱ》ら服従を以て第一義務とす。故に本章に掲ぐる権利の条規にして軍法・軍令と相牴触《ていしょく》する者は軍人に通行せず。即ち、現役軍人は集会・結社して軍制または政事を論ずることを得ず、政事上の言論・著述・印行および請願の自由を有せざるの類これなり。

第三章　帝国議会

第三章は帝国議会の成立および権利の大綱を挙ぐ。けだし議会は立法に参する者にして主権を分つ者に非《あら》ず。法を議するの権ありて法を定むるの権なし。而《しこう》して議会の参賛は憲法の正条に於《おい》て附与する所の範囲に止まり、無限の権あるに非《あら》ざるなり(1)。

議会の立法に参するは立憲の政に於ける要素の機関たる所以《ゆえん》なり。而《しこう》して議会は独り立法に参するのみならず、併せて行政を監視するの任を間接に負担する者なり。故に我が憲法および議院法は議会のために左の権利を認めたり。一に曰く、請願を受くるの権、二に曰く、上奏および建議の権、三に曰く、議員政府に質問し弁明を求むるの権、四に曰く、財政を監督するの権これなり。もし議会にして果して老熟着実の気象に基き、平和静穏の手段を用ゐてこの四条の権を適当に使用することを愆《あやま》らざるときは、以て権力の偏重を制し、立法・行政の際《あいだ》調和平衡して善良なる臣民の代議たるに負《そむ》かざるべきなり。

(1)　義解稿本はなおここで次のように議会の職務を要約した。「国家の目的は臣民を保全するに在り。……臣民を保全するの目的を達するはまた臣民の参預に倚《よ》る。第一、臣民遵由《じゅんゆう》の軌道を定むるは法律を以てす。……而《しこう》して法律は人類の天性および必要より生ず。故に法律を制定するは衆謀を詢《と》ふを要す。第二、国を立つるの給需は租税に取る。而《しこう》して国家の財政と国民生計の進歩とは互《たがい》に親密の関係を為す。故に租税を徴課するは衆言を聴くを要す。これ乃《すなわ》ち議会の設は立憲の政に於ける要素の元則として、君徳の休美を翼《たす》け、国家の昌栄を永遠に扶持《ふじ》するの機関たる所以《ゆえん》なり」。

【両院制】

第三十三条　帝国議会ハ貴族院衆議院ノ両院ヲ以《もっ》テ成立ス

貴族院は貴紳《きしん》を集め衆議院は庶民に選ぶ。両院合同して一の帝国議会を成立し、以て全国の公議を代表す。故に両院は或る特例を除くほか平等の権力を有《も》ち、一院独り立法の事を参賛すること能《あた》はず。以て謀議《ぼうぎ》周匝《しゅうそう》にして輿論の公平を得るを期せむとす。

二院の制は欧洲各国の既に久しく因襲《いんしゅう》する所にして、その効績を史乗《しじょう》に徴験《ちょうけん》し、而《しこう》してこれに反するの一院制を取れる者は皆その流禍を免れざることを証明したり(仏国《フランス》一七九一年および一八四八年・西班牙《スペイン》一八一二年憲法)。近来二院制の祖国に於て論者却《かえっ》てその社会発達の淹滞障碍《えんたいしょうがい》たるの説を為す者あり。そもそも二院の利を主持する者既に熟套《じゅくとう》の論ありて今ここに引挙《いんきょ》するを必要とせざるべし。ただし、貴族院の設は以て王室の屏翰《へいかん》を為《な》し、保守の分子を貯存《ちょぞん》するに止《とど》まるに非《あら》ず。けだし立国の機関に於て固《もと》よりその必要を見る者なり。何となれば、およそ高尚なる有機物の組織は独り各種の元素を包合して以て成体を為すのみならず、また必ず各種の機器に倚《よっ》て以て中心を輔翼《ほよく》せざるはあらず。両目おのおのその位を殊《こと》にせざれば以て視力の角点を得べからず。両耳おのおのその方を異にせざれば以て聴官の偏聾《へんろう》を免《まぬか》るべからず。故に元首は一ならざるべからず。而《しこう》して衆庶の意思を集むるの機関は両個の一を欠くべからざること、あたかも両輪のその一を失ふべからざるが如し。それ代議の制は以て公議の結果を収めむとするなり。而《しこう》して勢力を一院に集め、一時感情の反射と一方の偏向とに任じて互《たがい》に相牽制その平衡《へいこう》を持する者なからしめば、孰《た》れかその傾流奔注《けいりゅうほんちゅう》の勢《いきおい》容易に範防《はんぼう》を踰《ゆ》越《えっ》し、一変して多数圧制となり、再変して横議乱政とならざることを保証する者あらむ乎《や》。これその弊《へい》は却《かえっ》て代議の制なきの日よりなほ甚《はなは》しきものあらむとす。故に代議の制設けざれば已《や》む。これを設けて二院ならざれば必ず偏重を招くことを免れず。これ乃《すなわ》ち物理の自然に原由《げんゆ》する者にして、一時の情況を以てこれを掩蔽《えんぺい》すべきに非《あら》ざるなり。要するに、二院の制の代議法に於けるは、これを学理に照《てら》し、これを事実に徴《ちょう》して、その不易《ふえき》の機関たることを結論することを得べきなり。彼《か》の或国に於ける貴族院の懶庸《らんよう》にして議事延滞の弊あるを論ずるが如きは、これ一時の短を摘発するに過ぎず。而して国家の長計に対してはその言の価直《かち》あるを見ざるなり。

【貴族院議員】

第三十四条 貴族院ハ貴族院令ノ定ムル所ニ依《よ》リ皇族華族及《および》勅任《ちょくにん》セラレタル議員ヲ以《もっ》テ組織ス

貴族院議員はその或は世襲たり或は選挙または勅任たるにかかはらず、均《ひとし》く上流の社会を代表する者たり。貴族院にしてその職を得るときは、政権の平衡《へいこう》を保ち、政党の偏張《へんちょう》を制し、横議の傾勢を撑《ささ》へ、憲法の鞏固《きょうこ》を扶《たす》け、上下調和の機関となり、国福民慶を永久に維持するに於てその効果を収むること多きに居らむとす。けだし貴族院は以て貴冑《きちゅう》をして立法の議に参預せしむるのみに非《あら》ず、また以て国の勲労・学識および富豪の士を集めて国民慎重練熟耐久の気風を代表せしめ、抱合親和して倶《とも》に上流の一団を成し、その効用を全くせしむる所以《ゆえん》なり。その構成制規は貴族院令に具《そな》はるを以て憲法にこれを列挙せざるなり。(1)

(1)　貴族院の構成分子としての貴族と勲労・学識および富豪の士との関係について、義解稿本はなお次のようにいった。「貴族の素質を論ずるときは、一に曰、王室に密邇《みつじ》し上流の位地に居る、二に曰、世襲の家門として祖孫相承《あいう》け、史伝の精神を有す、三に曰、社会永遠の発達とその命運を同《おなじ》くし、国家の全局とその休戚《きゅうせき》を倶《とも》にす、四に曰、固《もと》より独立の気象を有す、これなり。これその社会の一種族として議会の一局を占め、以て立憲の要素たる所なり。ただし、貴族世冑《せちゅう》の人は往々世故《せこ》に昧《くら》く、また活潑進為の気象に乏《とぼし》きの弱点あることを免れず。故に貴族院の制は学識勲労および富豪資産の人を選任してその組織分子となし、抱合親和して停滞を刺衝し、倶《とも》に上流の一団を成し、以て貴族の効用を完《まった》くせしめむとするなり」。

【衆議院議員】

第三十五条 衆議院ハ選挙法ノ定ムル所ニ依《よ》リ公選セラレタル議員ヲ以《もっ》テ組織ス

衆議院の議員はその資格とその任期とを定めて広く全国人民の公選する所を取らむとす。本条議員選挙の制規を以てこれを別法に譲る者は、けだし選挙の方法は時宜《じぎ》の必要を将来に見るに従ひ、これを補修するの便を取ることあらむとす。故に憲法はその細節に渉《わた》ることを欲せざるなり。

衆議院の議員はすべて皆全国の衆民を代表する者たり。而《しこう》して衆議院の選挙に選挙区を設《もう》くるは、代議士の選挙をして全国に普通ならしめ、および選挙の方法に便《たよ》りするにほかならず。故に代議士は各個の良心に従ひ自由に発言する者にして、その所属選挙区の人民のために一地方の委任使となり委嘱《いしょく》を代行する者に非《あら》ざるなり。これを欧洲の史乗《しじょう》に参考するに、往昔《おうせき》の議会はその議員たる者、往々委嘱の主旨に依り一部の利益を主張して全局を達観するの公義を忘れ(1)、従て多数を以て議決とするの代議の大則を抛棄《ほうき》するに至る者往々にしてこれあり。これ代

議士の本分を知らざるの過に由《よ》るなり。(2)

(1)　これは等族会議(Etats-généraux)におけるいわゆる強制委任(mandat impératif)を指すものであろう。

(2)　義解稿本はなおこれにつづいてヨーロッパにおける普通選挙・制限選挙の是非論を紹介した。いわく、「欧洲に於て普通選挙の制限選挙に於ける得失は学者おのおのその所見を殊《こと》にし、甲是乙非、未だ帰一する所あらず。今熟套《じゅくとう》の議論を掲ぐることを欲せず。唯《た》だ独乙《ドイツ》のブロンチュリ〔Bluntschli〕氏の説、最《もっとも》事理に切なるを以て、ここに附記することを怠らざるべし。曰く。普通選挙法は政治の識を具《そな》へ事務に練達する代議士を得るに適せざるのみならず、その弊《へい》は遂に賤陋《せんろう》無識の庶民をして上流の社会を制せしめ、多数の無智に因《より》て寡数の智を圧するに至るべし。けだし、特に多数を以て秩序を定むるときは、子その父を制し、弟子その師に先んじ、臣その主を御し、幼は長を凌《しの》ぎ、貧は富を侮《あなど》り、無識は有識の上に位すべし。かつこの法は本多数の庶民をして権利平等の恵に頼らしめむと欲するに出《い》づといへども、その実は却《かえっ》て不平均の結果を得るを免《まぬか》れずと」。

【両院議員の兼職禁止】

第三十六条　何人《なんぴと》モ同時ニ両議院ノ議員タルコトヲ得ス

両院は一の議会にして分ちて両局とし、その成素を殊《こと》にし、平衡相持するの位置に居る。故に一人にして同時に両院の議員を兼《か》ぬるは両院分設の制の許さざる所なり。(1)

(1)　義解稿本にはここにつづいて「彼《か》の選挙法に於て貴族の戸主は衆議院の選挙および被選挙権を併せてこれを有せざるはまた本条の主義に原《もと》づく者なり」とあった。

【議会の法律協賛権】

第三十七条　凡《すべ》テ法律ハ帝国議会ノ協賛《きょうさん》ヲ経ルヲ要ス

法律は国家主権より出《い》づる軌範《きはん》にして、而《しこう》して必ず議会の協賛を経るを要するはこれを立憲の大則とす。故に議会の議を経ざる者はこれを法律とすることを得ざるなり。一院の可とする所にして他の一院の否とする所はまたこれを法律とすることを得ざるなり。

（附記）何等《なんら》の事物は法律を以て定むるを要する乎《や》の問題に至《いたり》ては、けだし一の例言を以てこれを概括し難し。普国《プロイセン》の普通法を公布せる勅令に、「本法は別段の法律に依て定めざる国民の権利義務を判明すべき条規を包括す」(1)と云へり。また巴威倫《バイエルン》一八一八年五月二十六日憲法の第七章第二条に、「人身の自由または国民の財産に関《かかわ》る普通の法を発し、或は現行法を変更し解釈し廃止するには国会の協同を要す」(2)と云へり。(3)然《しか》るに学者多くは法律の区域は権利義務もしくは自由財産に止《とど》まるべからざることを駁《ばく》し、かつ事物を以て法律と命令との区域を分割せむとするは憲法上および学問上の試験に於て一もその結果を得ざることを論じたり。けだし法律および命令の区域は専《もっぱ》ら各国政治発達の程度に従ふ。而《しこう》して唯《ただ》憲法史以てこれを論断すべきのみ。ただし、憲法の明文に依り特に法律を要する者はこれを第一の限界とし、既に法律を以て制定したる者は法律に非《あら》ざればこれを変更することを得ざるはこれを第二の限界とす。これ乃《すなわ》ち立憲各国の同じき所なり。

(1)　Allgemeines Landrecht für die Preussischen Staaten, 1794: Einleitung §1 "Das allgemeine Gesetzbuch enthält die Vorschriften, nach welchen die Rechte und Verbindlichkeiten der Einwohner des Staats, so weit dieselben nicht durch besondere Gesetze bestimmt worden, zu beurtheilen sind." ここを伊東本は次のように訳しているが、これは誤りである。"In a Prussian Royal Ordinance, by which an ordinary law was promulgated, it is stated that the said law comprised provisions...."

(2) Titel VII §2: "Ohne den Beirath und die Zustimmung der Stände des Königreichs kann kein allgemeines neues Gesetz, welches die Freiheit der Person oder das Eigenthum der Staats-Angehörigen betrifft, erlassen, noch ein schon bestehendes abgeändert, authentisch erläutert oder aufgehoben werden."

(3) 義解稿本はここでさらに「法律を以て定むべきの事項を列挙した」ものとして「墺国[オーストリア]の憲法」、すなわち、一八六七年の帝国議会に関する憲法第一一条を引いた。

【法律案の提出・議決権】

第三十八条　両議院ハ政府ノ提出スル法律案ヲ議決シ及《および》各々《おのおの》法律案ヲ提

出スルコトヲ得

政府に於て法律を起草し、天皇の命に由《よ》りこれを議案となし両議院に付するときは、両議院はこれを可とし、これを否とし、またはこれを修正することを得。もし両議院に於て或る法律を発行するを必要なりとするときは、おのおのその案を提出することを得。而《しこう》して甲議院これを提出し、乙議院これに同意しまたはこれを修正して可決したる後、天皇の裁可あるときはまた法律となること、政府の起案に異なることなし(1)。

至尊《しそん》の議会に於けるは召集・開閉の勅命および法律裁可のほか、会期中すべて国務大臣をして議案およびその他の往復に当らしむ。故にこれを政府の提出と謂《い》ふなり。

(1)　義解稿本にはこれにつづいて「ただし両院は予算を発議するの権あることなきのみ」とあった。

【一事不再議】

第三十九条　両議院ノ一ニ於《おい》テ否決シタル法律案ハ同会期中ニ於テ再《ふたた》ヒ提出スルコトヲ得ス

再議の提出は議院の権利を毀損《きそん》するのみならず、また会期遷延《せんえん》して一事に拘滞《こうたい》するの弊《へい》あらむとす。故に本条にこれを禁止せり。既に否決を経たる同一の議案を以てその名称文字を変更し、再びこれを提出し以て本条の規定を避けるは、また憲法の許さざる所なり(1)。

君主の裁可を得ざるの法案は同一会期の中に議院より提出することを得ざるは、これ固《もと》より元首の大権に対する事理の当然にして更に言明を仮《か》らず。ただし、なほ建議の条〔次の第四〇条〕に於てその再び建議することを禁ずることを掲ぐるは、提出議案の裁可の有無は至尊《しそん》の勅命に由《よ》り、而《しこう》して建議採納《さいのう》の有無は政府の取捨に存す。その間固《もと》より軽重の差あり。従て予《あらかじ》め疑義を判明するの要用を見ればなり。

（1）　義解稿本はここでイギリス憲法を援用した。

【建議】

第四十条　両議院ハ法律又《また》ハ其《そ》ノ他ノ事件ニ付各々《つきおのおの》其ノ意見ヲ政府ニ建議スルコトヲ得但《ただ》シ其ノ採納《さいのう》ヲ得サルモノハ同会期中ニ於《おい》テ再《ふたた》ヒ建議スルコトヲ得ス

本条は議院に建議の権あることを掲ぐるなり。上条既に両議院におのおの法律案を提出するの権を予《あた》へたり。而《しこう》して本条にまた法律につき意見を建議することを得と謂《い》へるは何ぞや。議院自ら法律を起案してこれを提出すると、或は某の新法の制定すべく某の旧法の改正または廃止すべきことを決議し、成案を具《そな》へず単にその意見を以て政府に啓陳《けいちん》し、政府の採る所となるときはその起草制定するに任ずると、両様の方法に就《つい》て、議院をしてその一を択《えら》ばしむるなり。けだしこれを欧洲に参考するに、議院自ら議案提出の権を有するは各国の同じき所なり(瑞西《スイス》を除くほか)。ただし、議院自ら多数に倚頼《いらい》して法律の条項を制定するは往々議事遷延《せんえん》と成条の疎漏《そろう》にして首尾完整《かんせい》ならざるとの弊を免れず。むしろ政府

の委員の練熟なるに倚任《いにん》するの愈《まさ》れるに若《し》かず。これ各国学者のこれを事実に徴《ちょう》験《けん》してその得失を論ずる所なり。(1)

議会は立法の事に参預するのみならず、併せて間接に行政を監視するの任を負ふ者なり。故に両議院はまた立法のほかの事件につき、意見を以て政府に建議し、利弊得失を論白することを得。

ただし、法律またはその他の事件にかかはらず、議院の意見にして政府の採納を得ざる者は同一会期の間再び建議することを得ざらしむるは、けだし紛議強迫に渉《わた》るの塗《みち》を防ぐ所以《ゆえん》なり。

(1) 義解稿本にはここに割註で「ブロンチュリ〔Bluntschli〕氏、ミル氏〔Mill〕氏」とあった。

【通常議会の召集】

第四十一条 帝国議会ハ毎年之《これ》ヲ召集ス

議会を召集するは専《もっぱ》ら天皇の大権たり。然《しか》るに本条に毎年召集することを定むるは、憲法に於て議会の存立を保障する所以《ゆえん》なり。ただし、第七十条に掲げたる場合の如きは非常の例外たり。

【通常議会の会期】

第四十二条　帝国議会ハ三箇月ヲ以《もっ》テ会期トス必要アル場合ニ於《おい》テハ勅《ちょく》命《めい》ヲ以《もっ》テ之《これ》ヲ延長スルコトアルヘシ

三個《か》月を以て会期とする者は議事遷延《せんえん》し窮期《きゅうき》なきことあるを防ぐなり。その已《や》むを得ざるの必要あるに当り、会期を延長し、閉会を延期するはまた勅命《ちょくめい》に由《よ》る。議会自らこれを行ふことを得ざるなり。

議会閉会したるときは会期の事務は終を告《つ》ぐる者とし、特別の規定ある者を除くほか、議事の已《すで》に議決したると未《いま》だ議決せざるとを問はず、次回の会期に継続することなし。

【臨時議会の召集・会期】

第四十三条 臨時緊急ノ必要アル場合ニ於《おい》テ常会ノ外《ほか》臨時会ヲ召集スヘシ

臨時会ノ会期ヲ定ムルハ勅命《ちょくめい》ニ依《よ》ル

議会は一年に一会を開く。これを常会とす。憲法に常会の時期を掲げずといへども、けだし常会は以て毎年の予算を議するの便を取る。故に冬季に開会するを例とす。而《しこう》して常会のほか臨時緊急の必要あるときは特に勅命を発して臨時会を召集す。

臨時会の会期は憲法にこれを限定せず。而《しこう》して臨時召集する所の勅命の定むる所に従ふ。またその必要如何《いかん》に依らしむるなり。

【会期延長と停会】

第四十四条 帝国議会ノ開会閉会会期ノ延長及《および》停会ハ両院同時ニ之《これ》ヲ行フヘシ

衆議院解散ヲ命セラレタルトキハ貴族院ハ同時ニ停会セラルヘシ

貴族院と衆議院は両局にして一揆《き》の議会たり。(1) 故に一議院の議を経ずして他の議院の成議を以て法律と為すべからず。また一議院の会期のほかに他の議院の会議を有効ならしむべからず。本条に両院は必ず同時に開閉始終するを定むるはこの義に依れるなり。

貴族院の一部は世襲議員を以て組織す。故に貴族院は停会すべくして解散すべからず。衆議院の解散を命ぜられたるに当《あたり》ては貴族院は同時に停会を命ぜらるるに止《とど》まるなり。

(1) 義解稿本ではこの句は「貴族院と衆議院は帝国議会の両局にして均《ひとし》く国民代表の任に居り一揆の団体たり」となっていた。

【衆議院の解散】

第四十五条　衆議院解散ヲ命セラレタルトキハ勅命《ちょくめい》ヲ以テ新《あらた》ニ議員ヲ選挙セシメ解散ノ日ヨリ五箇月以内ニ之《これ》ヲ召集スヘシ

本条は議会のために永久の保障を与ふるなり。けだし解散は将《まさ》に旧議員を解散して新議員を召集せむとする者なり。而《しこう》して憲法もし議院解散の後新《あらた》に召集するの時期を一定せざるときは、議会の存立は政府の随意に廃止する所に任ずるに至らむとす。

【定足数】

第四十六条　両議院ハ各々《おのおの》其《その》ノ総議員三分ノ一以上出席スルニ非《あら》サレハ議事ヲ開キ議決ヲ為《な》スコトヲ得ス

出席議員三分の一に充《み》たざるときは、以て会議を成立するに足らず。故に議事を開くことを得ず、および議決を為すことを得ざるなり。

総議員とは選挙法に定めたる議員の総数を謂《い》ふ。三分の一以上出席するに非《あら》ざれば議事を開くことを得ざるときは、三分の一以上召集に応ずるに非《あら》ざれば議院の成立を告ぐること能《あた》はざること、また知るべきなり。(1)

（1）義解稿本はここで定足数に関する諸国の制度の大要を「附記」した。

【議決と議長の決裁権】

第四十七条　両議院ノ議事ハ過半数ヲ以《もっ》テ決ス可否同数ナルトキハ議長ノ決スル所ニ依《よ》ル

過半数を以て決を挙《あぐ》るは議事の常則たり。本条過半数とは出席議員に就《つい》てこれを謂《い》へるなり。両議平分しておのおの同数を得るの場合に当《あたり》て議長の見る所に依り決を為すは、事理宜《よろ》しく然《しか》るべきなり。ただし、第七十三条に於ける憲法改正の議事は例外とす。また議院に於て議長およびその他の委員を選挙するにつき特に定むるの多数および委員会の規程は、おのおのその規則に依るべくして本条に干渉なきなり。(1)

（1）　義解稿本はここでイギリスその他の国の可否同数の場合に関する制度を説明した。

【会議の公開】

第四十八条　両議院ノ会議ハ公開ス但《ただ》シ政府ノ要求又《また》ハ其《そ》ノ院ノ決議ニ

依《よ》リ秘密会ト為《な》スコトヲ得

議院は衆庶を代表す。故に討論可否これを衆目の前に公《おおやけ》にす。ただし、議事の秘密を要する者、外交事件、人事、および職員・委員の選挙、または或る財政・兵政、或る治安に係る行政法の如きはその変例とし、政府の要求に依り、または各院の決議に依り、秘密会と為し公開を閉づることを得。

【上奏権】

第四十九条 両議院ハ各々《おのおの》天皇ニ上奏《じょうそう》スルコトヲ得

上奏《じょうそう》は文書を上呈《じょうてい》して天皇に奏聞《そうもん》するを謂《い》ふ。或は勅語に奉対《ほうたい》し、或は慶賀弔傷《ちょうしょう》の表辞を上り、或は意見を建白し請願を陳疏《ちんそ》するの類、皆その中に在り。而《しこう》して或は文書を上呈するに止《とど》まり、或は総代を以て覲謁《きんえつ》を請《こ》ひこれを上呈するも、皆相当の敬礼を用うべく、逼迫強抗《ふくはくきょうこう》にして尊厳を干犯《かんぱん》することあるを得ざるべきなり。

【請願書の受理】

第五十条　両議院ハ臣民ヨリ呈出《ていしゅつ》スル請願書ヲ受クルコトヲ得

臣民は至尊《しそん》に請願し、または行政官衙に請願し、議院に請願すること、すべてその意に随《したが》ふことを得。その議院に在《あり》ては各人の請願を受けてこれを審査し、或は単にこれを政府に紹介し、或はこれに意見書を附して政府の報告を求むることを得。ただし、議院は必ずしも請願を議定するの義務あることなく、政府は必ずしも請願を許可するの義務あることなし。もしそれ請願の立法に係る者は、請願を以て直《ただち》に提出法律案の動議と為すべからずといへども、議員はその請願の主旨に依り通常動議の方法に従ふことを得べし。

【規則制定権】

第五十一条　両議院ハ此《こ》ノ憲法及《および》議院法ニ掲《かか》クルモノ、外《ほか》内部ノ整理ニ必要ナル諸規則ヲ定ムルコトヲ得内部の整理に必要なる諸規則とは、議長の推選・議長および事務局の職務・各部の分設・委員の推選・委員の事務・議事規則・議事記録・請願取扱規則・議員請暇規則・紀律および議院会計の類を謂《い》ふ。而《しこう》して憲法および議院法の範囲内に於て議院の自らこれを制定するに任ずるなり。(1)

（1）　義解稿本はこれにつづいて「議院内部自治の権」に関する各国の制度を「附記」した。

【議員の発言・表決免責特権】

第五十二条　両議院ノ議員ハ議院ニ於《おい》テ発言シタル意見及《および》表決ニ付《つき》院外ニ於《おい》テ責ヲ負フコトナシ但《ただ》シ議員自《みずか》ラ其《そ》ノ言論ヲ演説刊行筆記又《また》ハ其《そ》ノ他ノ方法ヲ以《もっ》テ公布シタルトキハ一般ノ法律ニ依《よ》リ処分セラルヘシ

本条は議院のために言論の自由を認む。けだし議院の内部は議院の自治に属す。故に言論の規矩《きく》を越え、徳義を紊《みだ》り、または人の私事を讒毀《ざんき》するが如きは、議院の紀律に拠り議院自らこれを制止しおよび懲戒すべき所にして、而《しこう》して司法官はこれに干渉せざるべきなり。議決は以て法律の成案を為さむとす。而《しこう》して議員の討論は異同相摩してその一に帰結するの資料を為す者なり。故に議院の議は以て刑事および民事の責を問ふべからざるなり。これ一は議院の権利を尊重し、二は議員の言論をして十分に価量《かりょう》あらしめむとなり。ただし、議員自ら議院の言論を公布し、その自由を冒用《ぼうよう》してこれを外部に普及するに至《いたり》ては、動議と駁議《ばくぎ》とを問はず、すべて法律の責問を免《まぬか》るることを得ず。(1)

(1)　義解稿本にはこれにつづいて「若乃《もしすなわち》新聞の議院の議事を報道する者その故意偏袒《へんたん》に非《あら》ざるよりはすべて法律上の責問を免るることを得るは、独逸《ドイツ》各国に於て法律に定むる所、英国に於て成文律のほかに黙容する所にして、議員の自らその議事を公布する者と同視すべからず。これまた別に論ずべき者なり」とあり、さらに本条の特典に関する諸国の立法を「附記」した。

【議員の不逮捕特権】

第五十三条　両議院ノ議員ハ現行犯罪又《また》ハ内乱外患《ないらんがいかん》ニ関《かかわ》ル罪ヲ除《のぞ》ク外《ほか》会

期中其《そ》ノ院ノ許諾《きょだく》ナクシテ逮捕セラル、コトナシ

両議院は立法の大事を参賛す。故に会期の間議員に予《あた》ふるに例外特権を以てし、議員をして不羈《ふき》の体面を有《も》ち、その重要の職務を尽《つく》すことを得せしめむとす。もしそれ現行犯罪または内乱外患に係《かか》るの罪に至《いたり》ては、議院の特典の庇護《ひご》する所に非《あら》ざるなり。会期中とは召集の後閉会の前を謂《い》ふ。非現行犯および普通の罪犯は議院に通牒《つうちょう》し、その許諾を得て後にこれを逮捕し、その現行犯および内乱外患に関《かかわ》る罪犯は先《ま》づ逮捕して後に議院に通知すべきなり。(1)

(1)　義解稿本はここでイギリス法はじめ諸国法の例を引いた。

【国務大臣・政府委員の出席】

第五十四条　国務大臣及《および》政府委員ハ何時《なんどき》タリトモ各議院ニ出席シ及《および》発言スルコトヲ得

議会の議事に当り議場に弁明するは大臣重任の在る所にして、万衆に対し心胸

を開き、正理を公議に訴へ、嘉謀《かぼう》を時論に求め、その底蘊《ていうん》を叩《たた》き、遺憾なからしむ。けだしかくの如くならざれば以て立憲の効用を収むるに足らざるなり。ただし、出席および発言の権は政府の自由に任せ、或は大臣自ら討論しまたは弁明し、或は他の委員をして討論弁明せしめ、或は時宜の許さざるを以て討論弁明を為さざることを得。皆その意に随《したが》ふなり。(1)

(1)　義解稿本にはなお次のようにあった。「欧洲各国に於て議院に予《あた》ふるに任意に大臣の参会を要求するの権を以てする者あり(墺普白[オーストリア、プロイセン、ベルギー]等)。これその弊ありて、未だその利あるを見ず。けだし、尋常の法案に於て大臣の弁明を以てこれを議院の要求に委ねしめば、徒《いたずら》に時日を曠《むなし》くし多事を為すのみならず、その結果は却《かえっ》て議会と行政部との間の調熟を破り、政事上の平和を戕《そこな》ふに至らんとす」云々。

第四章　国務大臣及枢密顧問

国務大臣は輔弼《ほひつ》の任に居り、詔命を宣奉し政務を施行す。而《しこう》して枢密顧問は重要の諮詢《しじゅん》に応《こた》へ、枢密の謀議を展《の》ぶ。皆天皇最高の輔翼《ほよく》たる者なり。

【国務大臣の職務】

第五十五条　国務各大臣ハ天皇ヲ輔弼《ほひつ》シ其《そ》ノ責ニ任ス

凡《すべ》テ法律勅令其《ちょくれいそ》ノ他国務ニ関《かかわ》ル詔勅《しょうちょく》ハ国務大臣ノ副署《ふくしょ》ヲ要ス

国務各大臣は入《いり》て内閣に参賛し、出《いで》て各部の事務に当り、大政の責に任ずる者なり。およそ大政の施行は必ず内閣および各部に由《よ》り、その門を二にせず。けだし立憲の目的は主権の使用をして正当なる軌道に由《よ》らしめむとするに在り。即ち、公議の機関と宰相《さいしょう》の輔弼《ほひつ》に依るを謂《い》ふなり。故に大臣の君に於けるは、務めて奨《しょう》順匡救《じゅんきょうきゅう》の力を致し、もしその道を愆《あやま》るときは、君命を藉口《しゃこう》して以てその責を逃るることを得ざるなり。

我が国上古大臣《おおおみ》・大連《おおむらじ》輔弼の任に居る。孝徳天皇の詔に、「夫《そ》れ天地《あめつち》の間に君として万民《よろずのおおみたから》を宰《おさ》むることは、独り制《おさ》む可《べか》らず、要《かなら》ず臣の翼《たすけ》を須《ま》つ(1)」と云へり。天智天皇の時始めて太政官《だじょうかん》を置き、而来《じらい》太政大臣・左右大臣は政務を統理し、大納言は参議し旨を宣《の》べ、中務卿《なかつかさのかみ》は詔勅を審署し、太政官は中務《なかつかさ》・式部《しきぶ》・治部《じぶ》・民《みん》部《ぶ》・兵部《ひょうぶ》・刑部《ぎょうぶ》・大蔵《おおくら》・宮内《くない》の八省を統《す》べ、官制粗備《ほぼそなわ》る。その後重臣専《もっぱ》ら太政を関白し、宮禁の中蔵人《くろうど》の小臣また王命を出納《すいとう》し、院宣《いんぜん》・内旨《ないし》或は女官の文書を以て大事を下行《げぎょう》するに至る。而《しこう》して朝綱《ちょうこう》全く廃《すた》れたり。維新の初首《はじ》めに摂関および伝奏《てんそう》・議奏を廃し、また特に宮中に令し内議請謁《せいえつ》の禁を厳にし、尋《つい》で太政官制を復《ふく》す。明治二年七月、左右大臣・参議および六省を置く。四年、太政大臣を置く。六年十月、参議諸省卿に兼任す。その後また更革《こうかく》を経、十八年十二月に至《いたり》て太政大臣・参議・各省卿の職制を廃し、更に内閣総理大臣および外務・内務・大蔵・陸軍・海軍・司法・文部・農商務・逓信《ていしん》の十大臣を以て内閣を組織したり。けだし大宝の制に拠るときは、太政官は諸省の上に冠首とし、諸省はその下の分司たり。諸省卿の職は太政官符《だじょうかんぷ》を施行するに過ぎず、而して事を天皇に受け重責に任ずる者に非《あら》ず。維新の後、歴次潤色《じゅんしょく》を経、十八年の詔命に至り、大《おおい》に内閣の組織を改め、諸省大臣をして天皇に奉対し、おのおのその責に当らしめ、統《す》ぶるに内閣総理大臣を以てし、一は以て各大臣の職権を重くし、担任する所を知らしめ、二は以て内閣の統一を保ち、多岐分裂の弊無《な》からしめたり。

欧洲の学者大臣の責任を論ずる者その説一ならずして、各国の制度またおのおの趣を異にす。或は政事の責のために特に糾弾《きゅうだん》の法を設け、下院告訴して上院これを裁断するあり(英国)。或は大審院または特に設けたる政事法院に委《ゆだ》ぬるに裁断の権を以てするあり(白国《ベルギー》(2)は下院告訴し大審院裁断す。澳国《オーストリア》(3)は両院告訴し特置政事法院主として政事罪を裁断し、併せて刑事罪を裁断す。普国《プロイセン》(4)は憲法に正条ありて而《しこう》して糺弾断罪の別法未だ設けざるを以てこれを実行せず)。或は政事の責を以て刑事と分離し、裁決の結果は罷免剝職《ひめんはくしょく》に止まるとするあり(米国(5)および巴威里《バイエルン》(6)一八四八年法)。或は謀反《ぼうはん》・贓賄《ぞうわい》・濫費および違犯憲法の類を指定し、特に大臣の責とするあり(米・普・葡および仏[アメリカ、プロイセン、ポルトガル、フランス]一七九一年・一八一四年の憲法(7)。白耳義《ベルギー》の国会は大臣責任の刑名を指定するの非を論じたり)。或は君に対するの責任とし(和蘭《オランダ》の一宰相は予は君主に対し責任ありといへども、人民に対し責任なしと主張したり)、或は人民即ち議院に対するの責任とす(仏・白・葡等の国の憲法(8)は国王の命令は大臣の責任糾治《きゅうち》を解くべからざることを掲げたり)。すべてこれを論ずるに、憲法上の疑義にして未だ一定の論決を経ざること、未だ大臣責任の条より甚《はなはだ》しきはあらざるなり。けだしこれを正理に酌《く》みこれを事情に考ふるに、大臣は憲法に依り輔弼《ほひつ》の重局に当り、行政上の強大なる権柄《けんぺい》を掌有《しょうゆう》し、独り奨順賛《しょうじゅんさん》襄《じょう》の職に在るのみならず、また匡救矯正の任に居る。宜《よろし》く躬《み》を以て責に任ずべきなり。もし大臣にして責に任ずるの義なからしめば、行政の権力は容易に法律の外に踰越《ゆえつ》することを得、法律は徒《いたずら》に空文たるに帰せむとす。故に大臣の責任は憲法および法律の支柱たる所以《ゆえん》なり。ただし、大臣の責はその執《と》る所の政務に属す。而《しこう》して刑事の責に非《あら》ざるなり。故に大臣その職を愆《あやま》るときは、その責を裁制する者専《もっぱ》ら一国の主権者に属せざるべからず。唯《ただ》これを任ずる者能《よ》くこれを黜《しりぞ》くべし。大臣を任じまたこれを黜《しりぞ》けまたこれを懲罰する者、人主に非《あら》ずして孰《たれ》か敢《あえ》てこれに預《あずか》らむ乎。憲法既に大臣の任免を以て君主の大権に属したり。その大臣責任の裁制《さいせい》を以てこれを議院に属せざるは固《もと》より当然の結果とす。ただし、議員は質問に由《よ》り公衆の前に大臣の答弁を求むることを得べく、議院は君主に奏上して意見を陳疏《ちんそ》することを得べく、而《しこう》して君主の材能《さいのう》を器用するは憲法上その任意に属すといへども、衆心の嚮《むか》ふ所はまたその採酌《さいしゃく》の一に洩れざること知るべきときは、これまた間接に大臣の責を問ふ者と謂《い》ふことを得べし。故に我が憲法は左の結論を取る者なり。第一。大臣はその固有職務なる輔弼《ほひつ》の責に任ず。而《しこう》して君主に代り責に任ずるに非《あら》ざるなり。第二。大臣は君主に対し直接に責任を負ひ、また人民に対し間接に責任を負ふ者なり。第三。大臣の責を裁判する者は君主にして人民に非《あら》ざるなり。何となれば、君主は国の主権を有すればなり。第四。大臣の責任は政務上の責にして、刑事および民事の責と相関渉《かんしょう》することなく、また相牴《てい》触《しょく》しおよび乗除《じょうじょ》することなかるべきなり。而《しこう》して刑事・民事の訴はこれを通常裁判所に付し、行政職務の訴はこれを行政裁判所に付すべきのほか、政務責任は君主に由《よ》り懲罰の処分に付せらるべきなり。

内閣総理大臣は機務を奏宣《そうせん》し、旨を承《う》けて大政の方向を指示し、各部統督《とうとく》せざる所なし。職掌既に広く、責任従て重からざることを得ず。各省大臣に至《いたり》ては、その主任の事務に就《つ》き各別にその責に任ずる者にして、連帯の責任あるに非《あら》ず。けだし総理大臣・各省大臣は均《ひとし》く天皇の選任する所にして、各相の進退は一に叡《えい》旨《し》に由《よ》り、首相既に各相を左右すること能《あた》はず、各相また首相に繋属《けいぞく》することを得ざればなり。彼《か》の或国に於て内閣を以て団結の一体となし、大臣は各個の資格を以て参政するに非《あら》ざる者とし、連帯責任の一点に偏傾《へんけい》するが如きは、その弊は或は党援《とうえん》聯結の力遂《つい》に以て天皇の大権を左右するに至らむとす。これ我が憲法の取る所に非《あら》ざるなり。もしそれ国の内外の大事に至《いたり》ては、政府の全局に関係し、各部の専任する所に非《あら》ず。而して謀猷《ぼうゆう》措《そ》画《かく》必ず各大臣の協同に依り、互相推諉《たがいにすいい》することを得ず。この時に当《あたり》て各大臣を挙げて全体責任の位置を取らざるべからざるは固《もと》よりその本分なり。

大臣の副署は左の二様の効果を生ず。一に、法律勅令およびその他国事に係《かか》る詔勅は大臣の副署に依て始めて実施の力を得。大臣の副署なき者は従て詔命の効なく、外に付して宣下《せんげ》するも所司の官吏これを奉行することを得ざるなり。二に、大臣の副署は大臣担当の権と責任の義を表示する者なり。けだし国務大臣は内外を貫流《かんりゅう》する王命の溝渠《こうきょ》たり。而して副署に依てその義を昭明にするなり。ただし、大臣政事の責任は独り法律を以てこれを論ずべからず、また道義の関《かかわ》る所たらざるべからず。法律の限界は大臣を待つための単一なる範囲とするに足らざるなり。故に朝廷の失政は署名の大臣その責を逃れざること固《もと》より論なきのみならず、即ち、議に預かるの大臣は署名せざるもまたその過を負はざることを得ざるべし。もし専《もっぱ》ら署名の有無を以て責任の在る所を判ぜむと欲せば、形式に拘《かかわ》り事情に戻《もと》る者たることを免れず。故に副署は以て大臣の責任を表示すべきも副署に依て始めて責任を生ずるに非《あら》ざるなり。

大宝公式令《くしきりょう》に拠るに、(9) 詔書案成り御画日《ごかくにちおわり》訖て中務卿《なかつかさのかみ》に給ふ。その御画日ある者はこれを中務省に留めて案と為《な》し、別に一通を写し、中務卿宣・中務大輔奉・中務少輔行と署し、太政官に送る。太政官に於て太政大臣・左右大臣および大納言四人署名して覆奏《ふくそう》し、外に付して施行せむと請ふ。乃《すなわ》ち御画可《ぎょかっか》し、その御画可ある者は官に留めて案と為し、更に謄写して天下に布告す。けだし審署の式もつとも慎重を加へたり。維新の後明治四年七月勅書に加名鈐印《けんいん》するを以て太政大臣の任とす。ただし、宣布の詔多くは奉勅の署名なきは草創の際未《いま》だ一定に至らざりしなり。十四年十一月、各省卿その主管の事務に属する法律・規則および布達に署名するの制を定む。十九年一月副署の式を定む(10)。公文施行の法ここに至《いたり》てけだし大《おおい》に備《そな》はれり。

(1)『日本書紀』巻二五、「夫《そ》れ天地《あめつち》の間に君として万　民《よろずのおおみたから》を宰《おさ》むることは、独り制《おさ》む可《べか》らず、要《かなら》ず臣の翼《たすけ》を須《ま》つ。是《これ》に由《よ》りて代々の我が皇祖等《すめみおやたち》、卿《いましら》が祖考《おや》と共に倶《とも》に治めたまひき」。[孝徳天皇、大化二年三月]

(2)ベルギー、一八三一年憲法第九〇条。

(3)オーストリア、一八六七年執行権に関する憲法第九条、一八六七年の大臣責任法。

(4)プロイセン、一八七〇年憲法第六一条。

(5)アメリカ合衆国、一七八七年憲法第一条第三節第七項。

(6)バイエルン、一八四八年の大臣責任法第九条。

(7)アメリカ合衆国、前掲憲法第二条第四節。プロイセン、前掲憲法第六一条。ポルトガル、一八二六年憲法第一〇三条。フランス、一七九一年憲法第三篇第二章第四項第五条。同、一八一四年憲法第五六条。

（8）フランス、一七九一年憲法第三篇第二章第四項第六条。ベルギー、前掲憲法第八九条。ポルトガル、前掲憲法第一〇五条。

（9）『令義解』巻七、「公式令」詔書式条。

（10）「公文式」（明治一九年二月二四日勅令一号）を指すのであろう。現在はこの点は「公式令」（明治四〇年勅令六号）で定められている〔一九四七年五月廃止〕。

【枢密顧問】

第五十六条　枢密顧問《すうみつこもん》ハ枢密院官制ノ定ムル所ニ依《よ》リ天皇ノ諮詢《しじゅん》ニ応《こた》ヘ重要ノ国務ヲ審議ス

恭《つつし》みて按《あん》ずるに、天皇は既に内閣に倚《より》て以て行政の揆務《きむ》を総持し、また枢密顧問を設けて以て詢謀《じゅんぼう》の府とし、聡明を裨補《ひほ》して偏聴《へんちょう》なきを期せむとす。けだし内閣大臣は内外の局に当り、敏給捷活《びんきゅうしょうかつ》以て事機に応ず。而して優裕《ゆうゆう》静暇《しこう》、思を潜め、慮を凝し、これを今古に考へ、これを学理に照し、永図《えいと》を籌画《ちゅうかく》し、制作に従事するに至《いたり》ては、別に専局を設け、練達学識その人を得てこれに倚任《いにん》せざるべからず。これ乃《すなわ》ち他の人事と均《ひとし》く、一般の常則に従ひ、二種の要素おのおのその業を分つなり。けだし君主はその天職を行ふに当り、謀りて而《しこう》して後これを断ぜむとす。即ち、枢密顧問の設、実に内閣と倶《とも》に憲法上至高の輔翼《ほよく》たらざることを得ず。もしそれ枢密顧問にして聖聡《せいそう》を啓沃《けいよく》し、偏せず党せず、而《しこう》してまた能《よ》く問疑を剖解《ぼうかい》するの補益《ほえき》を為《な》すに至ては、果して憲法上の機関たるに負《そむ》かざるべく、かつ大にしては緊急命令または戒厳令の発布に当り、小にしては会計上法規の外に臨時処分の必要あるの類、これを諮詢《しじゅん》して然《しか》る後に決行するは、即ち為政の慎重を加ふる所以《ゆえん》にして、この場合に於ては枢密顧問は憲法または法律の一の屛翰《へいかん》たるの任に居るべきなり。枢密顧問の職かくの如きの重きなり。故におよそ勅令にして顧問の議を経る者はその上諭《じょうゆ》に於てこれを宣言するを例式とす。ただし、枢密顧問は至尊《しそん》の諮詢あるを待て始めて審議することを得。而《しこう》してその意見の採択はまた皆一に至尊の聖裁《せいさい》に由《よ》るのみ。

枢密顧問の職守は可否を献替《けんたい》し、必ず忠誠を以てし、隠避《いんぴ》する所なく、而《しこう》して審議の事は細大となく至尊の特別の許可を得るに非《あら》ざればこれを公洩《こうえい》することを得ず。けだし枢機密勿《みつふつ》の府は人臣外に向て誉《ほまれ》を求むるの地に非《あら》ざるなり。(1)

(1) 義解稿本ではここで「英国の旧例枢密院顧問の職に任ずる者」のなすべき宣誓の「誓条」が「附記」されていた。

第五章　司　法

司法権は法律の定むる所に依遵《いじゅん》し、正理公道を以て臣民権利の侵害を回復し、および刑罰を判断するの職司とす。古《いにし》へ政治簡朴《かんぼく》なるに当《あたり》て、各国政庁の設未だ司法・行政の別あらざりしは、史籍《しせき》の証明する所なり。その後文化いよいよ進み、人事ますます繁《しげ》きに至《いたり》て、始めて司法と行政との間に職司を分割し、その構制を殊《こと》にし、その畛域《しんいき》を慎み、互に相干渉せず。以て立憲の政体に至大の進歩を成さしめたり。

【司法権と裁判所】

第五十七条　司法権ハ天皇ノ名ニ於《おい》テ法律ニ依《よ》リ裁判所之《これ》ヲ行フ

裁判所ノ構成ハ法律ヲ以《もっ》テ之《これ》ヲ定ム

行政と司法と両権の区別を明《あきらか》にするためにここにこれを約説すべし。曰く。行政は法律を執行しまたは公共の安寧《あんねい》秩序を保持し人民の幸福を増進するために便宜の経理および処分を為《な》す者なり。司法は権利の侵害に対し法律の規準に依りこれを判断する者なり。司法に在《あり》ては専《もっぱ》ら法律に従属し便益を酌量《しゃくりょう》せず。行政に在《あり》ては社会の活動に従ひ便益と必要とに依り、法律はその範囲を限劃して区域の外に濫越《らんえつ》するを防ぐに止《とど》まるのみ。行政・司法の両権その性質を殊《こと》にすることかくの如し。故に行政の官ありて司法の職を分つことなかりせば、各個人民の権利は社会の便益のために随時移動することを免れずして、而《しこう》してその流弊は遂《つい》に権勢威力の侵犯を被《こうむ》るに至らんとす。

唯然《ただしか》り。故に裁判は必ず法律に依る。法律は裁判の単純の準縄《じゅんじょう》たり。而《しこう》してまた必ず裁判所に由《よ》りこれを行ふ。ただし、君主は正理の源泉にして、司法の権また主権の発動する光線の一たるにほかならず。故に裁判は必ず天皇の名に於て宣告し、以て至尊の大権を代表す。

裁判所の構成は必ず法律を以てこれを定め、行政の組織と別異する所あらしむ。而《しこう》して司法の官は実に法律の基址《きし》に立ち、不羈《ふき》の地位を有《たも》つ者たり。

我が中古の制、刑部省《ぎょうぶしょう》の設は他の各省と倶《とも》に太政官に隷属し、而《しこう》して刑部卿《ぎょうぶのかみ》は「獄を鞫《と》ひ、刑名を定め、疑讞《ぎけん》を決し、良賤の名籍囚禁債負の事を掌《つかさど》る」(1)。判事は刑部卿に属し「鞫《き》く状を案覆し、刑名を断定し、諸々の争訟を判ずる事を掌る」(2)。これ民刑二事を併せてこれを一省に総《す》べたり。武門の盛《さかん》なるに至《いたり》て大柄《たいへい》一たび移り、検断の権検非違使《けびいし》に帰し、武断を以て政を為《な》し、封建の際概《おおむ》ねその陋習《ろうしゅう》を因襲し、越訴《おっそ》を以て大禁と為《な》るに至れり。維新の初《はじめ》、刑法官を置き、司法の権また天皇の統攬《とうらん》に帰す。四年始めて東京裁判所を置く。裁判のために専庁を設くるはこれを以て始《はじめ》とす。この歳大蔵省の聴訟事務を以て改めて司法省に属す。五年開市場裁判所を設く。ついで司法裁判・府県裁判・区裁判の各等裁判を置き、始めて控訴覆審を許す。八年大審院を置き、以て法憲の統一を主持《しゅじ》するの所とし、司法卿の職制を定めて、検務を統理し裁判に干預《かんよ》せざる者とす。これより後漸次《ぜんじ》釐革《かく》する所あり。以て裁判独立を期するの針路を取りたり。これを司法事務沿革の概略とす。

欧洲前世紀の末に行はれたる三権分立の説は既に学理上および実際上に排斥せられたり。而して《しこう》司法権は行政権の一支派として均《ひと》しく君主の統攬する所に属し、立法権に対してこれを謂《い》ふときは、行政権は概括の意義を有《たも》ち、司法は行政の一部たるに過ぎず。更に行政権中に就《つ》き職司の分派を論ずるときは、また司法と行政とおのおのその一部を占むる者たり。これけだし近時国法学者の普通に是認する所にして、ここに詳論するを仮《か》らざる者なり。ただし、君主は裁判官を任命し、裁判所は君主の名義を以て裁判を宣告するにかかはらず、君主自ら裁判を施行せず、不羈《ふき》の裁判所をして専《もっぱ》ら法律に依遵《いじゅん》し行政威権の外にこれを施行せしむ。これを司法権の独立とす。これ乃《すなわ》ち三権分立の説に依るに非《あら》ずして、なほ不易の大則たることを失はず。

(1)(2)『令義解』巻一、「職員令」刑部省条。

【裁判官】

第五十八条　裁判官ハ法律ニ定メタル資格ヲ具《そな》フル者ヲ以《もっ》テ之《これ》ニ任ス
裁判官ハ刑法ノ宣告又《また》ハ懲戒《ちょうかい》ノ処分ニ由《よ》ルノ外其《ほかそ》ノ職ヲ免《めん》セラル、コトナシ
懲戒ノ条規《じょうき》ハ法律ヲ以《もっ》テ之《これ》ヲ定ム

裁判官は法律を主持《しゅじ》し、人民の上に衡平《こうへい》の柄《へい》を執《と》らむとす。故に専科の学識および経験は裁判官たるの要件たり。而《しこう》して臣民の倚《より》て以てその権利財産を託するは、また実にその法律上正当の資格あるを頼まずむばあらず。故に本条第一項は法律を以てその資格を定むべきことを保明したり。

裁判の公正を保たむと欲せば、裁判官をして威権の干渉を離れ、不羈《ふき》の地に立ち、勢位の得失と政論の冷熱を以て牽束《けんそく》を受くることなからしむべし。故に裁判官は刑法または懲戒裁判の判決に由《よ》り罷免《ひめん》せらるるを除くほか、終身その職に在る者とす。而《しこう》して裁判官の懲戒条規はまた法律を以てこれを定め、裁判所の判決

を以てこれを行ひ、行政長官の干渉する所とならず。これ憲法に於て特に裁判官の独立を保明する所なり。

その他停職・非職・転任・老退に於ける詳節はすべて法律の掲ぐる所たり。

【裁判の公開】

第五十九条　裁判ノ対審《たいしん》判決ハ之《これ》ヲ公開ス但《ただ》シ安寧秩序《あんねいちつじょ》又《また》ハ風俗ヲ害スルノ虞《おそれ》アルトキハ法律ニ依《よ》リ又《また》ハ裁判所ノ決議ヲ以《もっ》テ対審ノ公開ヲ停《と》ムルコトヲ得

裁判を公開し、公衆の前に於て対理《たいり》口審するは、人民の権利に対しもっとも効力あるの保障たり。裁判官をして自らその義務を尊重し正理公道の代表と為《な》らしむるは、けだしまた公開の助に倚《よ》る者少しとせざるなり。我が国従来白洲《しらす》裁判の習久しく慣用する所たりしに、明治八年以来始めて対審判決の公開を許したるは、実に司法上の一大進歩たり。

刑事の審理に予審あり、対審あり。これに対審と謂《い》へば、予審はその中に在《あ》らざるなり。安寧秩序を害すとは、内乱外患に関《かかわ》る罪および嘯聚教唆《しょうしゅきょうさ》の類、人心を煽起《せんき》刺衝《ししょう》する者を謂ふなり。風俗を害すとは、内行《ないこう》の事これを公衆の視聴に暴《さら》すときは醜辱《しゅうじょく》を流し風教を傷《きず》つくる者を謂ふなり。安寧秩序または風俗を害するの虞《おそれ》ありと謂へるは、その果して害あると然《しか》らざるとを判定するは専《もっぱ》ら裁判所の所見に任ずるなり。法律に依ると謂へるは治罪法・訴訟法の明文に依るなり。(1) 裁判所の決議を以てと謂へるは、法律の明文なしといへども、また裁判所の議を以てこれを決することを得るなり。対審の公開を停むと謂ふときは、判決宣告はなほ必ずこれを公開するなり。

（1）現代的刑事訴訟手続に関するわが国の最初の法典は「治罪法」（明治一三年布告三七号）と呼ばれた。今日の刑事訴訟法の前身である。また民事訴訟法ははじめ明治二三年法律二九号として制定された。

【特別裁判所】

第六十条 特別裁判所ノ管轄《かんかつ》ニ属スヘキモノハ別ニ法律ヲ以《もっ》テ之《これ》ヲ定ム

陸海軍人の軍法会議に属するは、即《すなわ》ち、普通なる司法裁判所の外に於ける特別裁判所の管轄に属するものとす。その他商工のために商工裁判所を設くるの必要あるに至らば、また普通の民事裁判の外に特別の管轄に属するものとす。およそこれ皆法律を以てこれを規定すべくして、命令を以て法律の除外例を設くることを得ず。

もしそれ法律の外に於て非常裁判を設け、行政の勢威を以て司法権を侵蝕し、人民のために司直の府を褫奪《ちだつ》するが如きは、憲法のこれを認めざる所なり。

【行政裁判所】

第六十一条　行政官庁ノ違法処分ニ由《よ》リ権利ヲ傷害セラレタリトスルノ訴訟ニシテ別ニ法律ヲ以《もっ》テ定メタル行政裁判所ノ裁判ニ属スヘキモノハ司法裁判所ニ於《おい》テ受理スルノ限《かぎり》ニ在《あ》ラス

行政裁判は行政処分に対するの訟を裁判するの謂《いい》なり。(1)けだし法律既に臣民の権利に向て一定の限界を為《な》し、以てこれを安固《あんこ》ならしめたり。而《しこう》して政治の機関たる者またこれに服従せざることを得ず。故に行政官庁にしてその職務上の処置に依り、法律に違ひ、または職権を超え、臣民の権利を傷害することあるに当りては、行政裁判所の断定を受くることを免れず。

そもそも訴訟を判定するは司法裁判所の職任とす。而《しこう》して別に行政裁判所あるは何ぞや。司法裁判所は民法上の争訟を制定するを以て当然の職とし、而《しこう》して憲法および法律を以て委任されたる行政官の処分を取消すの権力を有せざるなり。何となれば、司法権の独立を要するが如く、行政権もまた司法権に対し均《ひとし》くその独立を要すればなり。もし行政権の処置にして司法権の監督を受け裁判所をして行政の当否を判定取舎《しゅしゃ》するの任に居らしめば、即ち、行政官は正に司法官に隷属する者たることを免れず。而《しこう》して社会の便益と人民の幸福を便宜に経理するの余地を失ふべきなり。行政官の措置はその職務に依り憲法上の責任を有し、従てその措置に抗拒《こうきょ》する障害を除去し、およびその措置に由《よ》り起る所の訴訟を裁定するの権を有すべきは固《もと》より当然にして、もしこの裁定の権を有せざるときは、行政の効力は麻痺《まひ》消燼《しょうじん》して憲法上の責任を尽すに由《よし》なかるべきなり。これ司法裁判のほかに行政裁判の設を要する所以《ゆえん》の一なり。行政の処分は以て公益を保持せむとす。故に時ありて公益のために私益を枉《まぐ》ることあるはまた事宜《じぎ》の必要に出づる者あり。而《しこう》して行政の事宜は司法官の通常慣熟せざる所にして、これをその判決に任ずるは危道《きどう》たることを免れず。故に行政の訴訟は必ず行政の事務に密切練達なるの人を得て以てこれを聴理《ちょうり》せざることを得ず。これ司法裁判のほかに行政裁判の設を要する所以《ゆえん》の二なり。ただし、行政裁判所の構成はまた必ず法律を以てこれを定むるを要すること、司法裁判所と異なることなきなり。(2)

明治五年司法省第四十六号達はおよそ地方官を訟《うった》ふる者皆裁判所に於てせしめたりしに、地方官吏を訟ふるの文書法廷に蝟集《いしゅう》し、俄《にわか》に司法官行政を牽制《けんせい》するの弊端を見るに至れり。七年第二十四号の達は始めて行政裁判の名称を設け、地方官を訟ふる者は司法官に於て具状《ぐじょう》して太政官に申稟《しんりん》せしむ。これ姑《しばら》く一時の弊を救ふに過ぎずして、而《しこう》して行政裁判所の構成はなほこれを将来に期したり。

本条に行政官庁の違法の処分と謂《い》ふときは、法律または正当なる職権に依るの処分はこれを訴ふることを得ざること知るべきなり。たとへば、公益のために所有を制限するの法律に依る処分を受くる者はこれを訴ふることを得ざるなり。本条にまた権利を傷害せられたりとする者と謂ふときは、単に利益を傷害せられたりとする者は請願の自由ありて行政訴訟の権なきこと知るべきなり。たとへば、鉄道を開くの工事あり。行政官は定規の手続に遵由《じゅんゆう》してその線路を定めたるに、地方の人民他の線路を取るの利益ありとしてこれを争ふ者あらむ。これその争は単に利益に属して権利に属せざるが故に、これを当該官庁に請願することを得るも、これを行政裁判に訴ふることを得ざるなり。

(1) 義解稿本では「行政裁判は臣民の行政官庁を訟《うった》ふる者を裁判するの謂《いい》なり」とあった。

(2) 義解稿本はこれにつづいて、フランスの一七九〇年八月二四日の法律がはじめてヨーロッパで「司法行政の間に判明の区別を実行」したこと、「爾後《じご》独逸《ドイツ》各国および白耳義《ベルギー》・和蘭《オランダ》等の国に於てもまたこれを採用し、漸次《ぜんじ》に潤色してこれを施行するに至《いたり》て実に欠くべからざるの効用を徴験《ちょうけん》した」ことをのべた。

第六章　会計

会計は国家の歳出歳入を整理する所の行政の要部にして、臣民の生計と密切の関鍵《かんれん》を為《な》す者なり。故に憲法は殊《こと》にこれを慎重して、帝国議会の協賛および監督の権限を明確にす。

【租税法律主義】

第六十二条　新《あらた》ニ租税ヲ課シ及《および》税率ヲ変更スルハ法律ヲ以《もっ》テ之《これ》ヲ定ムヘシ

但《ただ》シ報償ニ属スル行政上ノ手数料及《および》其《そ》ノ他ノ収納金ハ前項ノ限《かぎり》ニ在《あ》ラス

国債ヲ起シ及《および》予算ニ定メタルモノヲ除《のぞ》ク外《ほか》国庫ノ負担トナルヘキ契約ヲ為《な》スハ帝国議会ノ協賛ヲ経ヘシ

新《あらた》に租税を課するに当《あたり》て議会の協賛を必要としこれを政府の専行に任ぜざるは、立憲政の一大美果として直接に臣民の幸福を保護する者なり。けだし既に定まれる現税のほかに新に徴額《ちょうがく》を起しおよび税率を変更するに当て、適当の程度を決定するは、専《もっぱ》ら議会の公論に倚頼《いらい》せざることを得ず。もしこの有効なる憲法上の防《ぼう》範《はん》なかりせば、臣民の富資はその安固を保証すること能《あた》はざらむとす。(1)

第二項報償に属する行政上の手数料およびその他の収納金とは、各個人の要求に由《よ》りまたは各個人に利益を予《あた》ふるための政府の事業または事務に対し上納せしむる者にして、普通の義務として賦課する所の租税(2)とその性質を殊《こと》にする者を謂《い》ふ。即ち、鉄道切符料・倉庫料・学校授業料の類は行政命令を以てこれを定むることを得べく、必ずしも法律に依るべきの限《かぎり》に在らざる者とす。ただし、行政上の手数料と謂ふときは、司法上の手数料とその類を異《こと》にすること知るべきなり。

第三項国債は将来に国庫の負担義務を約束する者なり。故に新に国債を起すには必ず議会の協賛を取らざるべからず。予算の効力は一の会計年度に限る。故に予算の外に渉《わた》り将来に国庫の負担たるべき補助保証およびその他の契約を為すは、皆国債に同じく、議会の協賛を要するなり。

（1）義解稿本にはなお「もしその法律を以て定めて移動税とし、予算に依て毎年にその総額または税率を議定せしむるものはこの限りに在らざるなり」の句があった。

（2）義解稿本には「普通の租税、即ち、資産の程度に応ずる納税」とあった。

【永久税主義】

第六十三条　現行ノ租税ハ更ニ法律ヲ以《もっ》テ之《これ》ヲ改メサル限《かぎり》ハ旧ニ依《よ》リ之《これ》ヲ徴収ス

前条已《すで》に新《あらた》に課するの租税は必ず法律を以てこれを定むべきことを保明したり。而《しこう》して本条は現行の租税は、嗣《し》後《ご》更に新定の法律を以てこれを改正するの事あらざる限《かぎり》は、すべて従前の旧制および旧税率に依遵《いじゅん》してこれを徴収すべきことを定む。けだし国家はその必要の経費に供するために一定の歳入あるを要す。故に現行租税に属する国家の歳入は憲法に由《より》て移動せざるのみならず、憲法は更に明文を以てこれを確定したり。

（附記）これを欧洲各国に参考するに、毎一年に徴税の全部を議会の議に付するは、その実多くは無用の形式たるにかかはらず、一般に理論の貴重する所となり、或国の憲法は租税議決の効力は一年に限り、明文を以てこれを更新するに非《あら》ざれば一年以外に存立せざることを掲げたり。今その由《より》て来る所を推究するに、その一は、欧洲中古各国の君家は家事を以て国務と相混じ、家産を以て国費に充て、私邑《しゆう》を封殖《ほうしょく》してその租入を取り、以て文武の需要に供給したりしに、その後常備兵の設軍需鉅大《きょだい》なるとおよび宮室園囿《えんゆう》の費とに因《よ》り内庫欠乏するに至り、国中の豪族を召集し、その貢献を徴し、以て歳費を補給するの方法を取りたり。これ乃《すなわ》ち欧洲各国に於ける租税の起源は実に人民の貢献寄附たるに過ぎず〔瓦敦堡《ヴュルテンベルク》〔Württemberg〕憲法〔一八一九年〕第百九条に「王室財産の収入にして足らざるときは租税を徴収して国費を支給すべし」(1)と云へるは其の一証なり〕。故に国民は王家饜《あ》くこと無きの徴求を防制するために、政府をしてその必要を証明し以て国民の承諾を経るを要せしめ、承諾なければ租税なしと謂《い》へるの約束を以て国憲の大則とするに至れり。これ歴史上の沿革より来る者なり。その二は、主権在民の主義に拠り、国民は全部の租税に対し専《もっぱ》ら自由承諾の権を有し、国民にして租税を承諾せざるときは政府はその存立を失ふを以て自然の結果とすべしと謂へる極端の論より来る者なり。そもそもこの歴史上の遺伝と架空の理論とは、両々《りょうりょう》抱合《ほうごう》して以て各国の憲法の上に強大なる勢力を有し、牢固《ろうこ》にして破るべからざるに至れるにかかはらず、顧みてその実際如何《いかん》と問ふに至《いたり》ては、英国に在《あり》ては地租、関税、物産税、印紙税は常久にこれを徴収し、固定資金に払ひ込む者およそ歳入の全部七分の六に居る（ダイシー〔Dicey〕氏に拠る。一八八四年の統計に拠るに、歳入全部八千七百二十万五千百八十四磅《ポンド》にしてその千四百万磅《ポンド》は毎年議決に依り徴収する者とし、その七千百万磅《ポンド》余は経常法に依り徴収す）。これ乃《すなわ》ち昔日《せきじつ》の因襲とおよび法律の効力に依り、経常不動の歳入とし、毎年に議に付することを要せざる者なり。普国《プロイセン》は憲法〔一八五〇年〕第百九条に依り、現税は旧に依るの条規を実行したり。彼《か》の理論の巣窟たる所の仏国に於ても、その著述者の言に拠るに、毎年租税を議するの原則は依違《いい》の間にこれを施行するに過ぎず（ボーリウ〔Leroy-Beaulieu〕氏『財政学』第三版第二巻、七十五頁および七十六頁）。而してその殊《こと》に毎年討議して以て税率を定むる所の直税の如きもまた既にその不便を論ずる者あり。けだしこれを立国の原理に求むるに、国家の成立は永久にして仮設の物に非《あら》ず。故に国家その永久の存立を保つための経費の大局は毎一年に移動を為《な》すべきに非《あら》ず。而《しこう》して何人《なんぴと》も、および何《なん》等《ら》の機関も、必要経費の源を杜《と》塞《そく》して以て国家の成立を戕害《しょうがい》するの権利なかるべきなり。彼《か》の欧洲各国の中古の制度の如きは、国家常存の資源は王室の財産に在て租税に在らず。故に人民は随意に納税の諾否を毎一年に限ることを得べきも、近世国家の原理ようやく論定を得るに至ては、国家の経費は租税の正供に資《と》るべく、而《しこう》して殊に国家の存立に必要なる経常税の徴収は専《もっぱ》ら国権に拠る者にして、人民の随意なる献饋《けんき》に因《よ》る者に非《あら》ざること、既に疑を容《い》るべきの余地あることなきなり。

我が国上古より国家の経費はこれを租税に取り、中古三税（租《そ》・庸《よう》・調《ちょう》）の法を定め、国民をして均《ひとし》く納税の義務あらしめ、正供のほかに徴求《ちょうきゅう》の路を開くことを仮《か》らず。現在各種税法皆常経《じょうけい》ありて毎年移動の方法に由《よ》る者あることとなし。今憲法に於て現行税を定めて経常税となし、その将来に変更あるを除くほかすべて旧に依り徴収せしむるは、これを国体に原《もと》づけ、これを理勢《りせい》に酌《く》み、紛更《ふんこう》を容《い》れざる者なり[2]。

（1）"Soweit der Ertrag des Kammerguts nicht zureicht, wird der Staatsbedarf durch Steuern bestritten."

（2）義解稿本ではこれにつづいて「本条は前条と相顧応して互《たがい》にその義を著す。而《しこう》して本条の掲ぐる所は実に第七章第七十六条に掲ぐる所法律上遵由《じゅんゆう》の効力を有する現行条規に依る者にして前条と倶《とも》に第二章第二十一条と表裏を相為す者なり」の句があった。

【予算】

第六十四条　国家ノ歳出歳入ハ毎年予算ヲ以《もっ》テ帝国議会ノ協賛ヲ経ヘシ

予算ノ款項《かんこう》ニ超過シ又《また》ハ予算ノ外《ほか》ニ生《しょう》シタル支出アルトキハ後日帝国議会ノ承諾ヲ求ムルヲ要ス

予算は以て会計年度のために歳出歳入を予定し、行政機関をしてその制限に準拠せしめむとす。国家の経費に予算を設くるは財政を整理する初歩《しょほ》発軔《はつじん》たり。而《しこう》して予算を議会に付しその協賛を経、および予算に依り支費するの後なほ超過支出および予算外の支出を以て議会の監督に付し事後承諾を求むるに至《いたり》ては、これを立憲制の成果とするに足る者なり。

予算の事大宝《たいほう》の令に見る所なし。徳川氏の時各官衙《かんが》に定額ありて而《しこう》して予算なし。維新の後なほ旧慣に因《よ》り国庫または各庁に於て逐次出納するに止《とど》まる。明治六年、大蔵省に於て始めて歳入出見込会計表を作り、太政大臣に呈出す。我が政府の予算を以て公文とするはこれを以て始《はじめ》とす。七年にまた同年度の予算会計表を作り、嗣《し》後《ご》逐年に予算の科目および様式を改良し、十四年に会計法を頒布《はんぷ》するに至てやや整頓に就《つ》き、十七年に歳入出予算条規を施行し、ますます成績を見ることを得たり。十九年に勅令を以て予算を発布す。これを式に依り予算を公布するの初《はじめ》とす。而《しこう》して予算の制は実に会計上必要の準縄《じゅんじょう》となるに至れり。本条は更に進みて予算を議会に付するの制を取らむとす。けだし予算をして正当明確ならしめ、またその正当明確なることを公衆に証明し、および行政官衙《かんが》をして予算を遵守するの必然の義務あらしむるは、これを議会に付するより最も緊切《きんせつ》なる効力を見るに若《し》くはなかるべし。

ここに弁明を要する者は各国に於て予算を以て一の法律と認めたること是《これ》なり。そもそも予算は単に一年に向て行政官の遵守すべき準縄《じゅんじょう》を定むる者なるに過ぎず。故に予算は特別の性質に因《よ》り議会の協賛を要する者にして本然の法律に非《あら》ざるなり。唯然《ただしか》り。故に法律は以て予算の上に前定の効力を有すべく、而《しこう》して予算は以て法律を変更するの作用を為すことを得ず。予算を以て法律を変更するは予算議定権の適当なる範囲を越ゆる者なり。彼《か》の各国に於て予算を以て法律と称《とな》へたるは、或は予算の議定を過重して議院無限の権とするに因《よ》り、また或はおよそ議院の議を経る者はすべて法律を以て称呼するの謬《びゅう》を蹈《ふ》むに因るに過ぎず。そもそも法律は必ず議会の議を経と謂《い》ふことを得べし。而《しこう》して議会の議を経る者は必ず法律と名づくと謂ふことを得ざるなり。何となれば、議会の承諾を経るもその特別の一事に限り普通に遵由《じゅんゆう》せしむるの条則に非《あら》ざる者は固《もと》より法律とその性質を殊《こと》にすればなり。

第二項歳出の予算の款項《かんこう》に超過する者あるかまたは予算の外に生じたる費用の

支出をなしたるときは議会の事後承諾を求むるは、政府已《や》むを得ざるの処分に於てなほ議会の監督を要するなり。けだし精確なる予算は過剰あるよりもむしろ不足あるは往々避くべからざるの事実なり。(1)各大臣は予算に拘束せられて既に不要となりたる予定の政費を支出するの責を有せざるが如く、已《や》むを得ざるの必要に由《よ》り生じたる予算超過および予算の外の支出を施行するもまた憲法の禁ずる所に非《あら》ず。何となれば、大臣の職務は独り予算に関《かかわ》る国会の協賛に由《よ》り指定せらるるのみに非《あら》ずして、むしろ至高の模範たる憲法および法律に依り指定せらるる者なればなり。故に憲法上の権利または法律上の義務を履践《りせん》するために必要なる供需あるに際し、大臣は予算に不足を生じまたは予算中に正条なきの故を以てその政務を廃することを得ず。而《しこう》して已《や》むを得ざるの超過および予算外の支出はなほ適法の事たることを失はざるなり。そもそも適法の事にしてなほ事後承諾を要するは何ぞや。行政の必要と立法の監督とをして両々並行互相《たがいに》調和せしむる所以《ゆえん》なり。けだし国家もまた一個人と同じく濫費《らんぴ》冗出《じょうしゅつ》の情弊あるは免れざるの弱点たるが故に、予算の議決款項《かんこう》を細密に履行するはこれを以て政府の重要義務とせざることを得ず（英国一八四九年三月三十日の衆議院の議決に云ふ。「国会経費の科額を決定したるときはその経費をしてその目的のために委任せられたる額に超過せざらしむることに注意するは責任および監督に当る各省の義務なり」と）。而《しこう》して已《や》むを得ざるの超過支出および予算外支出あるは異例の事とし、もし議会に於て濫費違法の情弊を発見しその必要なることを認めざるときは、以て法律上の争議を提起することを得ざるも、以て政事上の問題を媒介することを得べし。ただし、財政上政府の既に支出したる費額および政府のために生じたる義務についてはその結果を変動すること能《あた》はざるのみ。

予算款項《かんこう》の超過は議会に於て議決せる定額を超え支出したるを謂《い》ふ。予算の外に生じたる支出とは予算に設けたる款項《かんこう》の外に予見せざるの事項のために支出したるを謂ふ（普国《プロイセン》検査院章程第十九条に云ふ。「憲法（一八五〇年）第百四条に謂へる予算超過とは予算に於て各項の流用を許し、この項の少支出を以て彼《か》の項の多支出を補充し得るものを除くほか、第九十九条に従ひ既に確定したる会計予算の各款各項または議院の承認したる特別予算の各項に違《たが》へる多額の支出を謂ふ。予算超過および予算外の支出の証明は翌年に両議院に提出してその承諾を受くべし」と。これその憲法第百四条の遺漏《いろう》を補注し、ならびに予算超過を推して予算外の支出に及ぼす者なり)。

(附記) 予算超過の支出は各国の会計に於て実際の免れざる所なり。英国一八八五年収入支出監督条規(3)として議院の議決する所に依るに、「毎年の決算は最後に下院の決算委員に於てこれを審査し、各科目につき議決の金額に超過したる支費あるときは立法の認可を経べし」と云へり(コックス〔Cox〕(4)氏に拠る。(5)氏はまたその事実を著して云ふ。「国会の議定費額は予算調製の当時に在りては十分余裕あるが如きも、実際に欠乏《けつぼう》を告げ次年度に於て不足を補給するの費目あるは少しとせず」と。けだし、英国は事後承諾および補充議決の両種の方法を行ふ者なり)。普国《プロイセン》は事後承諾の方法を取り而《しこう》して憲法にこれを明言せり。伊国《イタリア》は半ば現年度に於ける予算修正の方法を取り、半ば事後承諾の方法を取れり(一八六九年の法)。仏国《フランス》は予算に定めたる経費にして当然の理由に因《よ》り不足を生じたる者は補充費とし、予見せざる事項または予算に定めたる事務にして既定の区域の外に拡張する者は非常費とし、補充費・非常費は皆法律を以てこれを許可すべき者とし、国会閉会の場合に於ては参議院の発議に由《よ》り内閣会議を経、命令を以て仮にこれを許可し、而《しこう》してその命令は次回の国会に於て承諾を受くべき者としたり(一八七八年法)。

(1) 義解稿本は以下の説明を「普国《プロイセン》博士グナイスト〔Gneist〕氏」の「法律および予算論」からとして引用し、「この説は近世国法学の進歩に依り予算の本義を明《あきらか》にし、欧陸の空理に沈淪《ちんりん》するの日と全くその主義を異《こと》にする者なり」と評した。

(2) Gesetz, über die Einrichtung und Befugnisse der Oberrechnungskammer, 1872.

(3) Control and Audit of Public Receipts and Expenditure.(伊東本による)。

(4) 伊東本はここの「コックス氏」を"Prof. A. V. Dicey"と改め、なお次のように註記している。"In the original Japanese text, the name of Mr. M. Cox is cited as authority by mistake, and we have been requested by the author of these Commentaries to make this correction.(Translator's note.)"

(5) これはやはりCox.

【衆議院の予算先議権】

第六十五条　予算ハ前《さき》ニ衆議院ニ提出スヘシ

本条予算議案を以て衆議院に最先の特権を付したり。けだし予算を議するは政府の財務と国民の生計とを対照し、両々顧応し豊倹《ほうけん》の程度を得せしむるを要す。これ乃《すなわ》ち衆民の公選に依り成立する代議士の職任に於てもつとも緊切なりとする所なり。

【皇室経費】

第六十六条 皇室経費ハ現在ノ定額ニ依《よ》リ毎年国庫ヨリ之《これ》ヲ支出シ将来増額ヲ要スル場合ヲ除《のぞ》ク外《ほか》帝国議会ノ協賛ヲ要セス

第六十四条に予算は帝国議会の協賛を経べきことを定めたり。而《しこう》して本条は皇室経費のためにその例外を示す者なり。

恭《つつしみ》て按《あん》ずるに、皇室経費は天皇の尊厳を保つために欠くべからざるの経費を供給する国庫最先の義務たり。その使用は一に宮廷の事に係り、議会の問ふ所に非《あら》ず。従て議会の承諾および検査を要することなかるべきなり。皇室費額を予算および決算に記載するは支出総額の成分を示す者に過ぎずして、これを議会の議に付するの一款《いっかん》となすに非《あら》ざるなり。而《しこう》してその将来に増額を要するに当りなほ議会の協賛を要するは、その臣民に負担せしむるの租税と密切なる関係を有するを以て衆議に詢《と》はむとするなり。(1)

(1)　義解稿本はここで帝室費に関する諸国の法制をあげ、「帝室費を以て国庫最先の義務として議会の承諾を要せざるは我が国体に於て固《もと》より宜《よろ》しく然《しか》るべきなり」といった。

【規定費・法律費】

第六十七条　憲法上ノ大権ニ基《もと》ツケル既定ノ歳出及《および》法律ノ結果ニ由《よ》リ又《また》ハ法律上政府ノ義務ニ属スル歳出ハ政府ノ同意ナクシテ帝国議会之《これ》ヲ廃除シ又《また》ハ削減スルコトヲ得ス

憲法上の大権に基づける既定の歳出とは、第一章に掲げたる天皇の大権に依れる支出、即ち行政各部の官制・陸海軍の編制に要する費用・文武官の俸給ならびに外国条約に依れる費用にして、憲法施行の前と施行の後とを論ぜず、予算提議の前に既に定まれる経常費額を成す者を謂《い》ふ。法律の結果に由《よ》る歳出とは議院の費用・議員の歳費手当・諸般の恩給年金・法律に依れる官制の費用および俸給の類を謂ふ。法律上政府の義務に属する歳出とは国債の利子および償還・会社営業の補助または保証・政府の民法上の義務または諸般の賠償の類を謂ふ。

けだし憲法と法律とは行政および財務の上に至高の標準を示す者にして、国家は立国の目的を達するために憲法と法律とを以て最高の主位を占領せしめ、而《しこう》して行政と財務とを以てこれに従属せしめざるべからざるなり。故に予算を議する者は憲法と法律とに準拠し、憲法上および法律上国家の制置《せいち》に必要なる資料を給備するを以て当然の原則とせざるべからず。その他、前定の契約および民法上または諸般の義務は均《ひとし》く法律上の必要を生ずる者とす。もし議会にして予算を議するに当り、憲法上の大権に準拠せる既定の額、または法律の結果に由《よ》りおよび法律上の義務を履行するに必要なる歳出を廃除削減することあらば、これ即ち国家の成立を破壊し憲法の原則に背く者とせざることを得ず。ただし、既定の歳出と謂ふときは、その憲法上の大権に基づくにかかはらず、新置および増置の歳出はなほ議会に於て論議の自由を有するなり。而《しこう》して政府の同意を経るときは、憲法上既定歳出および法律の結果に由《よ》りまたは義務の必要に由《よ》る者といへども、法律および時宜《じぎ》の許す限《かぎり》はなほ省略修正することを得べきなり。

（附記）ボーリウ〔Leroy-Beaulieu〕氏の著論に拠るに、瑞典《スイス》に於ては、国会にして歳出を削減し現在建設の事業を継続するに足らざる場合に於ては、国王の認許を得ずしてこれを決議すること能《あた》はず（瑞典《スイス》憲法〔一八〇九年〕第八十九条）。その他、独逸《ドイツ》各邦に於て議会は憲法上の義務または法律および民法上の義務に生ずる必要なる歳出を拒むことを得ざるの主義を掲ぐる者はブラウンシユワイヒ〔Braunsch-weig〕憲法〔一八三二年〕第百七十三条、オルデンブルヒ〔Oldenburg〕憲法〔一八五二年〕第百八十七条、ハノーフル〔Hannover〕憲法〔一八四〇年〕第九十一条、サクソン・マイニンゲン〔Sachsen-Meiningen〕憲法〔一八二九年〕第八十一条これなり。また一たび予算を以て定めたるの経費はその事項および目的の消滅せざる間は国会の承諾なくしてこれを増加することを得ず、政府の承諾なくしてこれを削減することを得ざることを定むる者はアルテンブルヒ〔Sachsen Altenburg〕憲法〔一八三一年〕第二百三条これなり。これ皆各国の旧慣または成文に存する者にして、而《しこう》して近世国家原理の発達と符合する者なり。ここに附記して以て参考に備ふ。

【継続費】

第六十八条 特別ノ須要《しゅよう》ニ因《よ》リ政府ハ予《あらかじ》メ年限ヲ定メ継続費トシテ帝国議会ノ協賛ヲ求ムルコトヲ得

歳費は毎年に議定するを以て常とす。けだし国家の務《つとめ》は活動変遷して一定の縄《じょう》尺《しゃく》を以て概律《がいりつ》すべからず。故に国家の費用はまた前年を以て後年に推行すべからず。ただし、本条特別の須要《しゅよう》ある場合に対し例外を設くるは、陸海軍費の一部または工事製造の類、数年を期しその成功を見るべき者、議会の協賛を以て数年に亘《わた》るの年限を定むることを得るなり。

【予備費】

第六十九条 避クヘカラサル予算ノ不足ヲ補フ為《ため》ニ又《また》ハ予算ノ外《ほか》ニ生《しょう》シタル必要ノ費用ニ充《あ》ツル為《ため》ニ予備費ヲ設《もう》クヘシ

本条は予備費の設を以て予算の不足および予算の外の必要なる費用を補給することを定む。けだし第六十四条は予算超過および予算外支出につき議会の事後承諾を求むべきことを掲げたり。而《しこう》してその超過および額外支出は何等《なんら》の財源に資《と》りて以てこれを供給する乎を指示せず。これ本条に予備費の設を定むるを必要とする所以《ゆえん》なり。

（附記）各国予備費の設を参考するに、荷蘭《オランダ》に於ては各省に予備費五万フロリンを置き、また政府一般のために五万フロリンを置き、以て議決科目の不足を補給するに備ふ。伊国《イタリア》一八六九年の会計法は予算の中に予備費を設くることを掲げ、予算定額の避くべからざる不足に応ずるために二項の定額を許可す。その一は義務とおよび命令に依り生ずる経費を支弁すべき予備費とし（四百万フランク）、その二は別に一項を為すべき予知すべからざる経費のための予備費とす（四百万フランク）。その第一予備の使用は会計検査院の登記を経て大蔵長官これを施行し、第二予備の使用は大蔵長官の発議に由《よ》り内閣会議を経て勅令を以てこれを定む。普国《プロイセン》は各省に予備費を置き、更に大蔵省に非常予備費を置く。これ皆予算の不足と予算の外の必要を補充するために予《あらかじ》め設くる者なり。瑞典《スイス》は予見せざる場合に備ふるために国債局の収入より二種の予備金を設け、その第一種は国家の防禦《ぼうぎょ》または重要緊急なる事件に備へ、第二種は戦時の用に備ふ。これまた別に一法たり。

【緊急財政処分】

第七十条　公共ノ安全ヲ保持スル為《ため》緊急ノ需用《じゅよう》アル場合ニ於《おい》テ内外ノ情形ニ因《よ》リ政府ハ帝国議会ヲ召集スルコト能《あた》ハサルトキハ勅令《ちょくれい》ニ依《よ》リ財政上必要ノ処分ヲ為《な》スコトヲ得

前項ノ場合ニ於《おい》テハ次ノ会期ニ於テ帝国議会ニ提出シ其《そ》ノ承諾ヲ求ムルヲ要ス

本条の解釈は既に第八条に具《そな》はる。ただし、第八条と異なる所の者は、第八条は憲法に於て議会開会せざるときは臨時会の召集を要せず、本条は議会開会せざるときは臨時会の召集を要す。而《しこう》して内外の情形に由《よ》り議会を召集し能《あた》はざるときに限り、始めて議会の叶同《きょうどう》を待たずして必要の処分を施すことを得。けだし本条は専《もっぱ》ら財政に関《かかわ》るを以て更に一層の慎重を加ふるなり。

いはゆる財政上必要の処分とは、立法議会の協賛を経べき者にして而《しこう》して臨時緊急の場合のために協賛を経ずして処分するを謂《い》ふ(1)。

臨時財政の処分にして将来に国庫のために義務を生ずる者、もし議会の事後承諾を得ざるときは、何等《なんら》の結果を生ずべき乎。けだし議会の承諾を拒むは将来に継行するの効力を拒む者にして、その既に行へる過去の処分を追廃するに非《あら》ず(第八条の説明既にこれを詳《つまびらか》にす)。故に勅令に依り既に生じたるの政府の義務は議会これを廃すること能《あた》はず。そもそも事もしこれに至らば、国家不祥の結果として視《み》ざることを得ず。これ本条の国家の成立を保護するために至《いたり》て已《や》むを得ざるの処分を認め、また議会の権を存崇《ぞんすう》してもつとも慎重の意を致す所以《ゆえん》なり。

(1)　義解稿本はつづいて「即ち、臨時新税を徴課しまたは会計法に定めたる定期証券を議定の額外に増発し、または新《あらた》に紙幣を発するの類を謂ふ」とそうした処分を例示した。

【前年度予算執行主義】

第七十一条　帝国議会ニ於《おい》テ予算ヲ議定セス又《また》ハ予算成立ニ至《いた》ラサルトキハ政府ハ前年度ノ予算ヲ施行スヘシ

議会自ら議定の結局を為さずして閉会に至るときは、これを予算を議定せずとす。両議院の一に於て予算を廃棄したるときは、これを予算成立に至らずとす。その他議会未だ予算を議決せずして停会または解散を命ぜられたるときは、その再び開会するの日に至るまで、また予算成立せざるの場合とす。

議会に於て予算を議定せず、または予算成立に至らざるときは、その結果は大にしては国家の存立を廃絶し、小にしては行政の機関を麻痺《まひ》せしむるに至る。一八七七年北米合衆国に於て国会陸軍の予算を議定することを遷延《せんえん》したるがために、三月の間兵士の給養を欠くことを致せり。同年澳斯特刺利《オーストラリア》に於て「メルボルン」〔Melbourne〕の議院は予算の全部を廃棄したり。これ民主主義の上に結架《けっか》せる邦国の情態にして、我が国体の固《もと》より取るべき所に非《あら》ざるなり。乃《すなわ》ち或国に於てこの場合を以て一に勢力の判決する所と為《な》し、議会にかかはらずして政府の専意に任じ財務を施行せるが如きも（普国《プロイセン》一八六二年より六六年に至る）、また非常の変例にして立憲の当然に非《あら》ざるなり。我が憲法は国体に基づき、理勢に酌《く》み、この変状に当り前年の予算を施行するを以て終局の処分とすることを定めたり。(1)

（1）　義解稿本はつづいて予算不成立の場合に関する諸国の法制を引いた。

【会計検査院】

第七十二条　国家ノ歳出歳入ノ決算ハ会計検査院之《これ》ヲ検査確定シ政府ハ其《そ》ノ検査報告ト倶《とも》ニ之《これ》ヲ帝国議会ニ提出スヘシ

会計検査院ノ組織及《および》職権ハ法律ヲ以《もっ》テ之《これ》ヲ定ム

予算は会計の初《はじめ》とし、決算は会計の終《おわり》とす。議会の会計を監督するにその方法二つあり。即《すなわ》ち、一は期前の監督にして、二は期後の監督とす。期前の監督とは次年度の予算を承諾するを謂《い》ひ、期後の監督とは経過せる年度の決算を審査するを謂ふ。この期後の監督を取るために、政府は会計検査院の検査を経たる決算を以て、該院の報告を併せて、議会に提出するの義務あり。

検査院の職掌は一に各部の出納官の証明を検査し、その責任を解除するに在り。二に支払命令官の処分を監督して、その予算超過・予算外の支出および予算または法律勅令に違反したる事件を検査するに在り。三に国庫の総決算および各省決算報告を検査し、各出納官の報呈《ほうてい》したる各部会計の積数と対照し、以てこれを確定するに在り。

会計検査院の行政上の検査は議会の立法上の検査のために準備の地を為す者なり。故に議会は検査院の報告と倶《とも》に政府の決算書を受けて、その正当なるを承諾し、これを決定すべし。

会計検査院は政府の会計を監査するために独立の資格を有せざるべからず。故にその組織および職権は裁判官と同じく法律を以てこれを定め、行政命令の区域の外に在る者とす。ただし、その検査上の規程の如きはなほ勅令の定むる所たるべきのみ。

第七章　補　則

【憲法改正】

第七十三条　将来此《こ》ノ憲法ノ条項ヲ改正スルノ必要アルトキハ勅命《ちょくめい》ヲ以《もっ》テ議案ヲ帝国議会ノ議ニ付スヘシ

此《こ》ノ場合ニ於《お》テ両議院ハ各々《おのおの》其《そ》ノ総員三分ノ二以上出席スルニ非《あら》サレハ議事ヲ開クコトヲ得ス出席議員三分ノ二以上ノ多数ヲ得ルニ非《あら》サレハ改正ノ議決ヲ為《な》スコトヲ得ス

恭《つつし》みて按《あん》ずるに、憲法は我が天皇の親《したし》くこれを制定し、上祖宗《そそう》に継ぎ、下後世に遺し、全国の臣民および臣民の子孫たる者をしてその条則に遵由《じゅんゆう》せしめ、以て不《ふ》磨《ま》の大典となす所なり。故に憲法は紛更《ふんこう》を容《ゆる》さず。

ただし、法は社会の必要に調熟《ちょうじゅく》してその効用を為《な》す者なり。故に国体の大綱は万世に亘《わた》り永遠恒久にして移動すべからずといへども、政制の節目《せつもく》は世運と倶《とも》に事宜《じぎ》を酌量《しゃくりょう》してこれを変通するはまた已《や》むべからざるの必要たらずむばあらず。本条は将来に向てこの憲法の条項を改定するの事あるを禁ぜず。而《しこう》して憲法を改定するために更に特別の要件を定めたり。

通常の法律案は政府よりこれを議会に付し、或は議会これを提出す。而《しこう》して憲法改正の議案は必ず勅命を以てこれを下付するは何ぞや。憲法は天皇の独り親《みずか》ら定むる所たり。故に改正の権はまた天皇に属すべければなり。改正の権既に天皇に属す。而《しこう》してなほこれを議会に付するは何ぞや。一たび定まるの大典は臣民と倶《とも》にこれを守り、王室の専意を以てこれを変更することを欲せざるなり。議院に於てこれを議決するに、通常過半数の議事法に依らしめずして、必ず三分二の出席とおよび多数を望むは何ぞや。将来に向て憲法に対する慎守《しんしゅ》の方嚮《ほうこう》を扶持《ふじ》するなり。

本条の明文に拠るに、憲法の改正条項を議会の議に付せらるるに当り、議会は議案の外の条項に連及《れんきゅう》して議決することを得ざるべきなり。また議会は直接または間接に憲法の主義を変更するの法律を議決して以て本条の制限を逃るることを得ざるべきなり。

【皇室典範改正】

第七十四条　皇室典範ノ改正ハ帝国議会ノ議ヲ経ルヲ要セス

皇室典範ヲ以《もっ》テ此《こ》ノ憲法ノ条規《じょうき》ヲ変更スルコトヲ得ス

恭《つつしみ》て按《あん》ずるに、憲法の改正は既に議会の議を経るを要す。而《しこう》して皇室典範は独りその議を経るを要せざるは何ぞや。けだし皇室典範は皇室自ら皇室の事を制定す。而《しこう》して君民相関《あいかか》るの権義《けんぎ》に渉《わた》る者に非《あら》ざればなり。もしそれ改正の必要あるに当《あた》てこれを皇族会議および枢密顧問に付するの条則の如きは、また典範に於てこれを制定すべき者にして、而《しこう》して憲法にこれを示明するの要用なし。故にこの条にこれを併せ掲げざるなり。

ただし、皇室典範の改正に由《よ》り直接または間接にこの憲法を変更するの事あらしめば、憲法の基址《きし》は容易に移動するの不幸なきことを保たざらむとす。故に本条特に憲法のために保障を存するの至意《しい》を示したり。

【摂政時の改正禁止】

第七十五条 憲法及《および》皇室典範ハ摂政《せっしょう》ヲ置クノ間之《これ》ヲ変更スルコトヲ得ス

恭《つつしみ》て按《あん》ずるに、摂政《せっしょう》を置くは国の変局にしてその常に非《あら》ざるなり。故に摂政は統治権を行ふこと天皇に異ならずといへども、憲法および皇室典範の何等《なんら》の変更もこれを摂政の断定に任ぜざるは、国家および皇室に於ける根本条則の至重なること固《もと》より仮摂の位置の上に在り、而《しこう》して天皇のほか何人《なんぴと》も改正の大事を行ふこと能《あた》はざるなり。

【経過規程】

第七十六条 法律規則命令又《また》ハ何等《なんら》ノ名称ヲ用ヰタルニ拘《かかわ》ラス此《こ》ノ憲法ニ矛盾《むじゅん》セサル現行ノ法令ハ総《すべ》テ遵由《じゅんゆう》ノ効力ヲ有ス

歳出上政府ノ義務ニ係ル現在ノ契約又《また》ハ命令ハ総《すべ》テ第六十七条ノ例ニ

依《よ》ル

維新の後、法令の頒布《はんぷ》は御沙汰書《ごさたしょ》または布告および布達と称《とな》ふ。明治元年八月十三日、法令頒布《はんぷ》の書式を定め、以後被仰出《おおせいだされ》・御沙汰《ごさた》等の文字を用ゐるは行政官に限り、その他の五官（神祇官《じんぎかん》、会計官、軍務官、外国官、刑法官）および府県は申《しん》達《たつ》の字を以てす。五官・府県に於て重立《おもだち》たる布告は行政官に差出し、議政官《ぎせいかん》決議の上行政官より達せしむ。五年正月八日達に自今《じこん》布告に番号を附し各省の布達また同様たらしむ。これより始めて布告・布達の名称に区別をなしたり。六年七月十八日達に布令中掲示すべき者と然《しか》らざる者とを区別し、布令書の結文の例を定め、各庁および官員に達するは「この旨相達《あいたっす》」(1)または「この旨相心得べし」とし、全国一般に布告するは「この旨布告」とし、華族或は社寺に達するは「この旨華士族へ布告」または「この旨社寺へ布告」とす。その各庁および官員に達する者は掲示を要せず。これ人民に対する布告と官庁訓令とを区別したるの始《はじめ》なり。十四年十二月布告布達式を定め、布告は太政大臣「奉勅旨布告」とし、布達は太政大臣より布達し、ならびにここに主任の卿これに連署す。同月三日布告(2)に法律規則は布告を以て発行す。従前諸省限《かぎり》布達せる条規の類は自今すべて太政官より布達す。これ諸省布達の制を廃し、および始めて諸省卿の連署の制を定めたるなり。十九年二月二十六日の勅令(3)に、法律勅令は上諭《じょうゆ》を以て公布し、親署の後御璽《ぎょじ》を鈐《けん》し、内閣総理大臣および主任の大臣これに副署す。閣令は内閣総理大臣これを発し、省令は各省大臣これを発す。以上これを総《す》ぶるに、維新以来の官令に御沙汰書と曰ひ、布告と曰ひ、布達と曰へるは、その文式に依て称呼《しょうこ》したるなり。その法と曰ひ(戸籍法の類)、律と曰ひ(新律綱領の類)、令と曰ひ(徴兵令・戒厳令の類)、条例と曰ひ(新聞条例の類)、律例と曰ひ(改定律例の類)、規則と曰ふ(府県会規則の類)はすべて皆人民に公布し、遵由《じゅんゆう》の効力を有せしむるの条則を謂《い》ふの義にして、その間に軽重する所あるに非《あら》ざるなり。而して十九年二月二十六日の勅令(4)に至《いたり》て始めて法律勅令の名称を正したりしも、何をか法律とし何をか勅令とするに至ては、また未だ一定の限界あるに非《あら》ざるなり。

八年の元老院の章程(5)に元老院は新法の設立旧法の改定を議定すと謂ひ、十九年二月二十六日の勅令に(6)「法律ノ元老院ノ議ヲ経ルヲ要スルモノハ旧ニ依ル」と謂ふ。然《しか》るに八年以後布告の中何をか指して法律とすべきや未だ明白ならず。従て元老院立法の権限また明劃《めいかく》ならず(十一年二月二十二日元老院の上奏に依る)。十九年以後勅令にして院議に付する者また少しとせず。要するに、憲法発布の前に当《あたり》ては、法律と勅令とはその名称を殊《こと》にしてその事実を同じくする者たるに過ぎず。而《しこう》してその名称に依て以て効力の軽重を区別すべからざるは、十九年以前布告と布達と時ありて区別あり時ありて区別なきに異なることなきなり。

故に憲法の指定する所に従ひ、法律と命令との区別を明《あきらか》にせむとするは、必ず立法議会開設の時期に於てその始を履《ふ》むことを得べく、而《しこう》して立法議会開設の前に当ては、法律・規則・命令その他何等《なんら》の名称を用ゐ、何等の文式を用ゐたるも、これを以てその効力の軽重を判断するの縄尺《じょうしゃく》とすることを得ず。

前日の公令は何等の名称を用ゐたるもすべて遵由《じゅんゆう》の効力ありとす。ただし、この憲法に矛盾する者は憲法の施行の日よりその法令の全文或は或る条章に限り効力を失ふべきなり。

前日の公令今日に現行して将来に遵由の力ある者の中に就《つい》て、更に憲法の定むる所に依るときは、必ずその法律たることを望む者あり（第二十条兵役・第二十一条租税の類）。今過去に泝《さかのぼ》りて一々これに法律の公式を予《あた》へ、以て憲法の文義に副《そ》はしめむとするは、形式に拘《かかわ》り徒《いたずら》に多事を為すに過ぎず。故に本条は現行の法令条規をしてすべて皆遵由の力あらしむるのみならず、その中憲法に於て法律を以てこれを望む者は即ち法律として遵由の力あらしむることを示す者なり。而《しこう》して法律として遵由の力あらしむる者にしてもし将来に於て改正を要するときは、その前日に勅令布達を以て公布したるにかかはらず、すべて皆法律を以て挙行するを要すること知るべきなり。

（1）ここに「華族」とあるのは「華士族」の誤りであろう。

（2）明治一四年一二月三日達一〇一号、「法律規則ハ布告ヲ以テ発行シ従前諸省限リ布達セル条規ノ類ハ自今総テ太政官ヨリ布達ヲ以テ発行候」云々。

（3）明治一九年二月二四日勅令一号「公文式」（同年二月二六日官報所載）第一・三・五条。

（4）「公文式」（前註を見よ）。

（5）「元老院章程」（明治八年四月二五日）第一条、「元老院ハ議法官ニシテ新法ノ設立旧法ノ改正ヲ議定シ及ヒ諸建白ヲ受納スル所ナリ」。

（6）「公文式」（前掲註3を見よ）第一条第二項。

皇室典範義解(1)

恭《つつしみ》て按《あん》ずるに、皇室の典範あるはますますその基礎を鞏固《きょうこ》にし、尊厳を無窮《むきゅう》に維持するに於て欠くべからざるの憲章なり。

祖宗《そそう》国を肇《はじ》め、一系相承《あいう》け、天壌《てんじょう》と与《とも》に無窮《むきゅう》に垂《た》る。これけだし言説を仮《か》らずして既に一定の模範あり。以て不易《ふえき》の規準たるに因《よ》るに非《あら》ざるはなし。今人文ややうやく進み、遵由《じゅんゆう》の路必ず憲章に依る。而《しこう》して皇室典範の成るは実に祖宗《そそう》の遺意を明徴《めいちょう》にして子孫のために永遠の銘典《めいてん》を貽《のこ》す所以《ゆえん》なり。

皇室典範は皇室自らその家法を条定する者なり。故に公式に依りこれを臣民に公布する者に非《あら》ず(2)。而《しこう》して将来已《や》むを得ざるの必要に由《よ》りその条章を更定《こうてい》することあるも、また帝国議会の協賛を経るを要せざるなり。けだし皇室の家法は祖宗に承け、子孫に伝ふ。既に君主の任意に制作する所に非《あら》ず。また臣民の敢《あえ》て干《かん》渉《しょう》する所に非《あら》ざるなり。

（1） 大型本ではここの表題は単に「皇室典範」となっている。ただし、その表紙には「皇室典範義解」とある。

（2） 帝国憲法は官報で公布されたが、皇室典範は公布されなかった。しかし、後「公式令」（明治四〇年勅令六号）で皇室典範も公布せられることと定められ、明治四〇年および大正七年の「皇室典範増補」はいずれも官報で公布された。

第一章　皇位継承

第一条　大日本国皇位ハ祖宗《そそう》ノ皇統ニシテ男系ノ男子之《これ》ヲ継承ス

恭《つつしみ》て按《あん》ずるに、皇位の継承は祖宗《そそう》以来既に明訓あり。和気清麻呂《わけのきよまろ》還奏《かんそう》の言に曰く、「我が国開闢《かいびゃく》より以来《このかた》、君臣定まりぬ。臣を以て君となすことは未だこれあらず。天《あま》つ日嗣《ひつぎ》は必ず皇緒《こうしょ》を立てよ」（1）と。

皇統は男系に限り女系の所出に及ばざるは皇家の成法なり。上代独り女系を取らざるのみならず、神武《じんむ》天皇より崇峻《すしゅん》天皇に至るまで三十二世、かつて女帝を立つるの例あらず。故に神功《じんぐう》皇后は国に当ること六十九年終《つい》に摂位を以て終《お》へたまへり。飯豊青尊《いいとよのあおのみこと》政を摂し清寧《せいねい》天皇の後を承《う》けしも、また未だ皇位に即《つ》きたまはず。清寧天皇崩じて皇子なし。また近親の皇族男なし。而《しこう》して皇妹春日大娘《かすがのおおいらつめ》あり。然《しか》るに皇妹位に即《つ》かずして群臣従祖履中《りちゅう》天皇の孫顕宗《けんぞう》天皇を推奉す。これ以て上代既に不文の常典ありて易《か》ふべからざるの家法を成したることを見るべし。その後、推古《すいこ》天皇以来皇后皇女即位の例なきに非《あら》ざるも、当時の事情を推原《すいげん》するに、一時国に当り幼帝の歳長ずるを待ちて位を伝へたまはむとするの権宜《けんぎ》にほかならず。これを要するに、祖宗《そそう》の常憲《じょうけん》に非《あら》ず。而《しこう》して終《つい》に後世の模範と為《な》すべからざるなり。本条皇位の継承を以て男系の男子に限り、而《しこう》してまた第二十一条に於て皇后皇女の摂政を掲ぐる者は、けだし皆先王の遺意を紹述《しょうじゅつ》する者にして、いやしくも新例を創《はじ》むるに非《あら》ざるなり。

祖宗の皇統とは一系の正統を承《う》くる皇胤《こういん》を謂《い》ふ。而《しこう》して和気清麻呂のいはゆる皇緒なる者とその解義《かいぎ》を同じくする者なり。皇統にして皇位を継ぐは必ず一系に限る。而《しこう》して二、三に分割すべからず。天智天皇の言に曰く、「天《あめ》に双《ふたつ》の日無く、国に二《ふたり》の王《きみ》無し(2)」と。故に、後深草《ごふかくさ》天皇以来数世の間、両統互《たがい》に代り、終《つい》に南北二朝あるを致ししは、皇家の変運にして、祖宗典憲の存する所に非《あら》ざるなり。

以上本条の意義を約説するに、祖宗以来皇祚《こうそ》継承の大義炳焉《へいえん》として日星《じっせい》の如く、万世に亘《わた》りて易《か》ふべからざる者、けだし左の三大則とす。

第一　皇祚を践《ふ》むは皇胤《こういん》に限る。

第二　皇祚を践むは男系に限る。

第三　皇祚は一系にして分裂すべからず。

(1)『続日本紀』巻三〇、「清麻呂行《ゆき》て神宮に詣づ。大神《おおかみ》託宣して曰く。我が国開闢《かいびゃく》より以来《このかた》君臣定まりぬ。臣を以て君となすことは未だこれあらず。天《あま》つ日《ひ》嗣《つぎ》は必ず皇緒《こうしょ》を立てよ。無道《むどう》の人は宜《よろ》しく早く掃除すべし。清麻呂来り帰りて奏すること神教の如し」。［称徳天皇、神護景雲三年九月］

(2)『日本書紀』巻二五、「天《あめ》に双《ふたつ》の日無く、国に二《ふたり》の王《きみ》無し。是《こ》の故に天下を兼ね幷《あわ》せて、万民を使ひたまふべきは、唯《た》だ天皇のみ」。［孝徳天皇、大化二年三月］
参照、『日本書紀』巻二二、「〔聖徳太子憲法〕十二に曰く、国司《くにのみこともち》、国造《くにのみやつこ》、百姓に斂《おさ》めとること勿《なか》れ。国に二《ふたり》の君非《な》し、民に両《ふたり》の主《あるじ》無し。率土《くにのうち》の兆民《おおみたから》、王《きみ》を以て主《あるじ》と為す。所在官司《よさせるつかさみこともち》は、皆是《こ》れ王臣《きみのやっこ》なり。何ぞ敢《あえ》て公《おおやけ》と与《とも》に、百姓に賦《おさ》め斂《と》らむ」。［推古天皇、十二年四月］

第二条　皇位ハ皇長子ニ伝フ

第三条　皇長子在《あ》ラサルトキハ皇長孫ニ伝フ皇長子及《および》其《そ》ノ子孫皆在《あ》ラサルトキハ皇次子及《および》其《そ》ノ子孫ニ伝フ以下皆之《これ》ニ例ス

恭《つつしみ》て按《あん》ずるに、菟道稚郎子《うじのわかいらつこ》の言に曰く、「昆《このかみ》は上《かみ》にして季《おと》は下《しも》に、古今の常典なり」(1)と。葛野王《かどぬ》持統《じとう》天皇に進奏するの言に曰く、「我が国家《みかど》の法《のり》と為す也、神代以来、子孫相承《あいう》けて、以《もって》天位を襲《つ》ぐ、若《も》し兄弟相及ばば、則ち乱ここ従《よ》り興る」(2)と。これ乃《すなわ》ち祖宗《そそう》以来子孫直系相伝へ、長幼序に従ふを以て、天位継承の正法とす。而《しこう》してその兄弟相伝ふるは、反正《はんぜい》天皇の履中《りちゅう》天皇に於ける、允恭《いんぎょう》天皇の反正天皇に於けるより始まり、皆已《や》むを得ざるに出で、その正に非《あら》ざるなり。

第二・第三条継承の法を一定して、後王のために常典を貽《のこ》し、敢《あえ》て権宜《けんぎ》左右することを容《ゆる》さざるは、けだし祖宗の遺範《いはん》を恪《つつし》み、永く乱萌《らんほう》を後裔《こうえい》に絶つ所以《ゆえん》なり。およそ子孫と云へるは曽孫以下皆その内に在り(古典に「天神《あめのかみ》の孫《みま》なり」とあるは(3)(『日本書紀』巻二)天祖の裔孫《えいそん》を謂《い》へるなり。また五世孫七世孫とあり(同書巻十)(4)。これ姓氏録の慣用する所なり)。長子の子孫は次子に先だつは宗統を重んずるなり。長子の子孫在らざるに至《いたり》て、始めて次子に移る。次子の子孫の第三子以下に於けるもまた同例とす。

次条に皇庶子孫の皇位を継承するは皇嫡子孫皆在らざるときに限ると謂《い》ふときは、第二・第三条は嫡子孫に就《つい》てその長を択《えら》ぶを謂ふ。而《しこう》して嫡子孫皆在らざるときは庶子孫に於てその長を択ぶもまた本法に依ること知るべきなり。

(1)『日本書紀』巻一一、「時に太子菟道稚郎子《うじのわかいらつこ》〔応神《おうじん》天皇の皇子。仁徳《にんとく》天皇の御弟〕位を大鷦鷯尊《おおさざきのみこと》〔後の仁徳天皇〕に譲《ゆず》りまして未即帝位《あまつひつぎしろしめさず》。仍《よ》りて大鷦鷯尊に諮《もう》したまはく、……夫《そ》れ昆《このかみ》は上《かみ》にして季《おと》は下《しも》に、聖《ひじり》は君にして愚《おろか》なるは臣《やっこら》なるは、古今の典《のり》なり」。〔仁徳天皇、即位前紀〕

（2）『懐風藻』葛野王二首。

（3）『日本書紀』巻二、「火火出見尊《ほほでみのみこと》対《こた》へて曰《のたまわ》く、吾は是《こ》れ天神《あめのかみ》の孫《みま》なり」。〔神代下〕

（4）『日本書紀』巻一七〔ここに「巻十」とあるは誤りであろう〕、「男《お》大迹天皇《おふとのすめらみこと》〔継体《けいたい》天皇〕は〔更《また》の名は彦太尊《ひこふとのみこと》〕誉田《ほむだの》天皇〔応神天皇〕の五世《いつつぎ》の孫彦主人王《みまごひこぬしのみこ》の子なり。母《いろは》を振媛《ふるひめ》と曰す。振媛は活目天皇《いくめのすめらみこと》〔垂仁《すいにん》天皇〕の七世《ななつぎ》の孫《みまご》なり」。〔継体天皇、即位前紀〕

第四条　皇子孫ノ皇位ヲ継承スルハ嫡出ヲ先ニス皇庶子孫ノ皇位ヲ継承スルハ皇嫡子孫皆在《あ》ラサルトキニ限ル

恭《つつしみ》て按《あん》ずるに、祖宗《そそう》の嫡《ちゃく》を先にし庶《しょ》を後にするは、神武天皇庶長子手研耳命《たきしみみのみこと》を措《おい》て綏靖《すいぜい》天皇を立てたまふに始まる。これを継嗣《けいし》の常典とす。ただし、皇緒万世《こうしょばんせい》一日も曠《むな》しくすべからず。故に、既に嫡出なきときは庶出また位を継ぐことを得せしむ。けだし清寧《せいねい》天皇崩じ皇嗣《こうし》なし。履中《りちゅう》天皇の孫顕宗《けんぞう》天皇位を継ぐ。而《しこう》して天皇は実に、その姉、飯豊青尊《いいとよのあおのみこと》、兄仁賢《にんけん》天皇と倶《とも》に、履中天皇の庶出磐坂市辺押《いちのべのおし》羽《はの》皇子の子なり（清寧天皇の妹春日大娘《かすがのおおいらつめ》あり。また庶出なり）。武烈《ぶれつ》天皇崩じて皇嗣《こうし》なし。応神《おうじん》天皇五世の孫継体《けいたい》天皇を迎へ、位に即《つ》く。而《しこう》して天皇は実に応神天皇の庶出、稚渟《わかぬ》毛二派《けふたまたの》皇子の後なり。この時に当《あたり》て皇統絶えざること綫《すじ》の如し。もし庶系を立つることなかりせば、当時既に言ふべからざるの事あらむ。我が国の庶出を絶たざるは実に已《や》むを得ざるに出づる者なり。

皇嫡子孫皆在らざるときに限るとは、長子および次子以下およびその子孫に通じてこれを謂《い》ふなり。故に、皇庶長子は皇嫡幼子孫に先だつことを得ず。長系の庶皇孫は次系の皇嫡子孫に先だつことを得ざるなり。

問ふ。皇庶子の子嫡出なるときはこれを嫡皇孫とすることを得べきか。答ふ。皇庶子の子孫は即ち庶流なり。故に、皇庶子の嫡出の子はその庶出の兄弟に先だつべきも、皇嫡子孫に先だつことを得ず。

第五条　皇子孫皆在《あ》ラサルトキハ皇兄弟及《および》其《そ》ノ子孫ニ伝フ

第六条　皇兄弟及《および》其《そ》ノ子孫皆在《あ》ラサルトキハ皇伯叔父及《および》其《そ》ノ子孫ニ伝フ

第七条　皇伯叔父及《および》其《そ》ノ子孫皆在《あ》ラサルトキハ其《そ》ノ以上ニ於《おい》テ最近親ノ皇族ニ伝フ

恭《つつしみ》て按《あん》ずるに、第五・第六・第七条は皇子孫在らざるに当り継嗣《けいし》を定むるに最近親を以てすることを示すなり。皇子孫は現在の天皇に属する至親の宗系たり。皇子孫の嫡庶倶《とも》に在らざるときは、皇兄弟を以て最近親とす。故に、継承の権、皇兄弟の中の一に移る。その現在の天皇と同父なればなり。皇兄または皇弟の子および孫は皇兄または皇弟の系統に属する者なり。皇兄弟およびその子弟の嫡庶倶《とも》に在《あ》らざるときは、これに次ぎ皇伯叔を最近親とす。故に、継承の権皇伯叔の中の一に移る。その現在の天皇の父と同父なればなり。皇伯または皇叔の子および孫は皇伯または皇叔の系統に属する者なり。皇伯叔以上最近親の皇族と謂《い》へるは、皇大伯叔およびその以上皆これに準ずるなり。一系の下は尊卑《そんぴ》相承《あいう》け、而《しこう》して宗系尽きて支系に及び、近系尽きて遠系に及ぶ。けだし継承の疑義を将来に絶ち、皇緒の慶福を永遠に保たむとするなり。

第八条 皇兄弟以上ハ同等内ニ於《お》テ嫡ヲ先ニシ庶ヲ後ニシ長ヲ先ニシ幼ヲ後ニス

恭《つつしみ》て按《あん》ずるに、皇兄弟一等とし、皇伯叔また一等とし、皇大伯叔また一等とす。皇兄弟の等内に於けるはその嫡長を択《えら》び、嫡なきときは庶出の中に就《つい》てその長を択ぶ。皇兄弟の子孫に於けるはすべて皇子孫の例に同じ。皇伯叔の等内に於て嫡を先にし長を先にするは、その例皇兄弟の等に同じ。その皇大伯叔の等に於けるもまた同じ。けだし皇子孫の庶出は皇兄弟の嫡出に先んずるは、皇家その宗系を重んずるの例典にして、天皇の下尊卑《そんぴ》相承け、嫡庶倶《とも》に尽くるに非《あら》ざれば、支系に移ることなし。本条推してこれを各等に及ぼし、一等ごとに嫡長を先にし、庶幼を後にし、嫡庶倶《とも》に尽くる毎《ごと》にその等を上す。皆その例を同じくす。故に、同等内に於てと謂《い》へるなり。

嫡を先にすとは、嫡出を先にし嫡系を先にするを謂ふ。長を先にすとは、長子を先にし長系を先にするを謂ふ。故に、皇嫡兄弟およびその子孫は皇庶兄弟に先だち、皇嫡兄弟の中に就《つい》ては皇長兄およびその子孫は皇幼弟に先だち、皇嫡兄弟なきときは皇庶兄およびその子孫はまた皇庶弟に先だつべきなり。

第九条　皇嗣《こうし》精神若《もしく》ハ身体ノ不治ノ重患アリ又《また》ハ重大ノ事故アルトキハ皇族会議及《および》枢密顧問ニ諮詢《しじゅん》シ前数条ニ依リ継承ノ順序ヲ換フルコトヲ得

恭《つつしみ》て按《あん》ずるに、皇嗣《こうし》は先王憲典の存する所に循《したが》ひ、大統を継ぎ、神器を伝ふるの位に居る。而《しこう》して人主の任意に左右することを得る所に非《あら》ず。故に、継承の順序を換《か》ふるは、必ず精神もしくは身体の不治の重患ありまたは重大の事故ありて神器の重きを承《う》くるに堪《た》へざるときに限り、而《しこう》してまた必ず皇族会議および枢密顧問に諮詢《しじゅん》するを経て始めて決行することを得。もし本条の定むる所に依らずして継嗣を易《か》へ置くは典範の認めざる所たり。而《しこう》して一時の過失の如きは以て重大の事故と為《な》すの類に非《あら》ざるなり。

第二章　践祚即位

第十条　天皇崩スルトキハ皇嗣即《すなわ》チ践祚《せんそ》シ祖宗《そそう》ノ神器ヲ承《う》ク

恭《つつしみ》て按《あん》ずるに、神祖以来鏡、剣、璽《じ》三種の神器を以て皇位の御守と為《な》したまひ、歴代即位の時は必ず神器を承《う》くるを以て例とせられたり。允恭《いんぎょう》天皇元年紀に、「大中姫命《おおなかつひめのみこと》、群卿に謂《かた》りて曰く、皇子(允恭天皇)将《まさ》に群臣の請を聴《ゆる》したまはむとす。今天皇の璽符《みしるし》を上《たてまつ》るべし。是に群臣大《おおい》に喜びて、即日《そのひ》、天皇の璽符を捧げて、再拝《おが》みて上る。乃《すなわ》ち帝位に即《つ》きたまふ」(1)(『日本書紀』)と云へる、これなり。

上古は践祚《せんそ》即位にして両事に非《あら》ず。『令義解《りょうのぎげ》』に「天皇即位、之《これ》を践祚《せんそ》と謂《い》ふ。祚は位なり」(2)とある、これなり。この時より践祚の日に神器を奉られたり。けだし「天子の位、一日も曠《むな》しくすべからず」(3)(歴世の宣命《せんみょう》に見ゆ。けだし古諺《こげん》なり)。故に、継体《けいたい》天皇群臣の迎ふる所となり、未だ帝位を践《ふ》みたまはず。而して史臣既に「天皇樟葉宮《くすはのみや》に移る」(4)と書したり(藤原兼実《かねざね》『玉海』)。然《しか》るに、天智天皇重きを承《う》けてなほ皇太子と称《とな》へ、七年の後に即位の礼を行ひたまへり。これ践祚と即位と両様の区別を為《な》したるの初《はじめ》なり。その後歴代践祚の後数年にして即位の礼を行はれたることありしも、神器は必ず践祚の時に奉らるること上古と異なることなし。本条は皇位の一日も曠闕《こうけつ》すべからざるを示し、および神器相承の大義を掲げ、以て旧章を昭明《しょうめい》にす。もし乃《すなわ》ち継承の大義は践祚の儀文の有無を問はざるは、固《もと》より本条の精神なり。

再び恭《つつしみ》て按《あん》ずるに、神武《じんむ》天皇より舒明《じょめい》天皇に至るまで三十四世、かつて譲位の事あらず。譲位の例の皇極《こうぎょく》天皇に始まりしは、けだし女帝仮摂より来る者なり(継体天皇の安閑《あんかん》天皇に譲位したまひしは同日に崩御あり。未だ譲位の始となすべからず)。

聖武《しょうむ》天皇・光仁《こうにん》天皇に至《いたり》て遂《つい》に定例を為《な》せり。これを世変の一とす。その後権臣の強迫に因《よ》り両統互立を例とするの事あるに至る。而《しこう》して南北朝の乱またこれに源因せり。本条に践祚を以て先帝崩御の後に即ち行はるる者と定めたるは、上代の恒典《こうてん》に因《よ》り中古以来譲位の慣例を改むる者なり。

(1) 『日本書紀』巻一三、「爰《ここ》に大中姫命《おおなかつひめのみこと》〔応神天皇の皇孫、允恭天皇の皇后〕仰《あお》ぎ歓《よろこ》びて、則《すなわ》ち群卿に謂《かた》りて曰く、皇子将《まさ》に群臣の請を聴《ゆる》したまはむとす。今天皇の璽符《みしるし》を上《たてまつ》るべし。是に群臣大《おおい》に喜びて、即日《そのひ》、天皇の璽符を捧げて、再拝《おが》みて上る。皇子曰く、群卿共に天下《あめのした》の為に寡人《おのれ》を請ふ。寡人何ぞ敢《あえ》て遂《つい》に辞《いな》まむとのたまひて、乃《すなわ》ち帝位に即《つ》きたまふ」。〔允恭天皇、即位前紀〕

(2) 『令義解』巻二、「神祇令」践祚条。

(3) 参照、『日本書紀』巻一一、「四十一年春二月、誉田《ほむだ》天皇〔応神《おうじん》天皇〕崩《かむさ》りましぬ。時に太子菟道稚郎子《うじのわかいらつこ》〔応神天皇の皇子。仁徳《にんとく》天皇の御弟〕位を大鷦鷯尊《おおさざぎのみこと》〔後の仁徳天皇〕に譲《ゆず》りまして未即帝位《あまつひつぎしろしめさず》。仍《よ》りて大鷦鷯尊に諮《もう》したまはく、……夫《そ》れ昆《このかみ》は上《かみ》にして季《おと》は下《しも》……なるは、古今の典《のり》なり。願はくは王《みこ》疑ひたまはず、須即帝位《あまつひつぎしろしめせ》。我は則《すなわ》ち臣として助けまつらくのみとのたまふ。大鷦鷯尊対《こた》へて言《のたま》はく、先皇《さきのきみ》謂《のたま》ひしく、皇位《きみのみくらい》は一日も空《むな》しかるべからず。故《か》れ預《あらかじ》め明徳《よきひと》を選みて、王《きみ》を立て弐《もうけのきみ》と為し、祚《さきわ》へたまふに嗣《みつぎ》を以てし、授けたまふに民《おおみたから》を以てせり。其の寵章《めぐみのしな》を崇《あが》めて国《あめのした》に聞えしむ。我《おの》れ不賢《おさなし》と雖《いえど》も、豈《あに》先帝の命《みこと》を棄て、輙《たやす》く弟王《いろとみこ》の願《みねがい》に従はむや。固く辞《いな》びたまひて承《う》けたまはず。各《おのおの》相譲《あいゆず》りたまふ」。［仁徳天皇、即位前紀］

『三代実録』巻四四、「皇位《あまつひつぎ》波一日母不レ可レ曠」。

『玉葉』巻三八、寿永二年八月六日、「凡天子之位一日不レ可レ曠」。

（4）『玉葉』（または『玉海』）、前掲個所、「我朝之習、不レ得二剣璽一践祚、曽無レ例、而継体天皇為二臣下一被レ迎之時、如二国史文一、書二之践祚一、甲申、天皇移二樟葉宮一、辛卯、得二璽符鏡剣一即位云々、往古雖レ無二譲位即位之分別一、如二今文一者、即位以前、已称二天皇一、又謂二践祚一、即被レ移二皇居一、其後得二剣璽一即位云々」。

参照、『日本書紀』巻一七、「甲申、天皇（継体天皇）樟葉宮《くすはのみや》に行至《いた》りたまふ。二月辛卯朔甲午、大伴金村大連《おおとものかなむらのおおむらじ》乃《すなわ》ち跪《ひざまず》きて天子の鏡剣《みかがみみはかし》の璽符《みしるし》を上《たてまつ》りて再拝《おが》みたてまつる。……男《お》大迹天皇《おふとのすめらみこと》（継体天皇）曰く、大臣大連将相諸臣《まちきみおみたち》、咸《ことごと》く寡人《おのれ》を推す。寡人敢《あえ》て乖《そむ》かじとのたまひて、乃《すなわ》ち璽符《みしるし》を受けたまふ。是《こ》の日、即天皇位《あまつひつぎしろしめす》」。［継体天皇、元年正月―二月］

第十一条　即位ノ礼及《および》大嘗祭《おおなめのまつり》ハ京都ニ於《おい》テ之《これ》ヲ行フ

恭《つつしみ》て按《あん》ずるに、天智天皇称制《しょうせい》(1)の後更に即位の礼を行はれし以来、歴代相因《あいよ》るの大典となれり。文武天皇紀に載せたる即位の詔《みことのり》に「集侍《うごなわれる》皇《み》子《こ》等《たち》、王《おおきみたち》、臣《おみたち》、百官人等《もものつかさのひとたち》、天下公民《あめのしたのおおみたから》諸々《もろもろ》聞食《きこしめさえ》と詔《の》る」(2)とあるは、けだし上代の遺例にして皇族以下百官人民を集めて詔命を天下に布《し》きたまひしなり。即位の古礼の史乗《しじょう》に見えたるは、持統天皇紀に「物部麻呂朝臣《もののべのまろのあそみ》、大盾《おおたて》を樹《た》て、神祇伯中臣大島朝臣《かむつかさのかみなかとみのおおしまのあそみ》、天神《あまつかみ》の寿詞《よごと》を読むこと畢《おわ》りて、忌部宿禰色夫知《いんべのすくねしこふち》、神璽《かみのしるし》の劒・鏡を皇后《きさき》に奉上《たてまつ》る。皇后、即天皇位《あまつひつぎしろしめ》す。公卿百寮羅列《つらな》りて、匝《あまね》く拝みまつりて手を拍《う》つ」(3)とあるを始《はじめ》とす(この前孝徳紀(4)に見えたれども備はらず)。即位の式は太極殿《だいごくでん》にて行はれ、冕服《べんぷく》を服し、高御座《たかみくら》に即《つ》きたまふ(『貞観儀式《じょうがんぎしき》』(5))。冷泉《れいぜい》天皇御悩に由《よ》り紫《し》宸《しん》殿《でん》にて行はる。その後太極殿災廃して、或は太政官庁にて行はれ、或は南《な》殿《でん》(即ち紫宸殿)にて行はれたり。武門政を専《もっぱら》にするの時、用度《ようど》供給せずして、践祚《せんそ》の後数年を経といへども、なほ大礼を行はれざることありし。維新の後、明治元年八月二十七日即位の礼を挙行せられ、臣民再び祖宗《そそう》の遺典を仰望《ぎょうぼう》することを得たり。十三年車駕《しゃが》京都に駐《と》まる。旧都の荒廃を嘆惜《たんせき》したまひ、後の大礼を行ふ者は宜《よろし》くこの地に於てすべしとの旨あり。勅して宮闕《きゅうけつ》を修理せしめたまへり。本条に京都に於て即位の礼および大嘗祭《おおなめのまつり》を行ふことを定むるは、大礼を重んじ、遺訓を恪《つつし》み、また本を忘れざるの意を明《あきらか》にするなり。

大嘗《おおなめ》の祭は神武天皇元年以来歴代相因《あいより》て大典とはせられたり。けだし天皇位に即《つ》き天祖および天神地祇を請饗《せいきょう》せらるるの礼にして、一世に一たび行はるる者なり（天武天皇以来年毎《としごと》に行ふを新嘗《にいなめ》とし、一世に一たび行ふを大嘗《おおなめ》とす）。王政の中ごろ衰へたるとき、この儀、久しく廃絶したりしに（後土御門《ごつちみかど》天皇以来二百二十二年の間廃止し、東山《ひがしやま》天皇に至り再び行はれ、中御門《なかみかど》天皇以来五十一年の間行はれず。桜町《さくらまち》天皇に至《いたり》て挙行せらる）、明治四年十一月詔ありて挙行せられたり。

（1）参照、『日本書紀』巻二七、「皇祖母尊《すめみおやのみこと》（斉明《さいめい》天皇）……崩《かむさ》りましぬ。皇太子（天智天皇）、素服《あさものみそ》たてまつりて称制《まつりごときこしめ》す」。〔天智天皇、即位前紀〕

（2）『続日本紀』巻一、「現御神《あきつみかみ》と大八嶋国《おおやしまぐに》知ろしめす天皇大命《すめらがおおみこと》らまと詔《の》りたまふ大命《おおみこと》を

集侍《うごなわれる》皇子《みこ》等《たち》王《おおきみたち》臣《おみたち》百官人《もものつかさのひと》等《たち》天下公民《あめのしたのおおみたから》諸《もろもろ》聞食《きこしめさえ》と詔《の》る」。［文武天皇、元年八月」

（3）『日本書紀』巻三〇［持統天皇、四年正月」。参照、『令義解』巻二、「神祇令」践祚条。

（4）『日本書紀』巻二五。［孝徳天皇、即位前紀］

（5）『貞観儀式』巻五、天皇即位儀、「皇帝服二冕服一即二高座一」云々。

第十二条　践祚《せんそ》ノ後元号ヲ建テ一世ノ間ニ再ヒ改メサルコト明治元年ノ定制ニ従フ

恭《つつしみ》て按《あん》ずるに、孝徳天皇紀に「天豊財重日足姫天皇《あめとよたからいかしひたらしひめのすめらみこと》〔皇極天皇〕の四年を改めて大化元年《たいかのはじめのとし》と為す」(1)とあるはこれ建元の始《はじめ》にして、歴代の例制となれりしも、その後陰陽占卜《せんぼく》の説に依り、一世の間しばしば年号を改め、徒《いたずら》に史乗《しじょう》の煩《わずらわし》きを為すに至れり。明治元年九月八日の布告に云ふ。「今般御即位御大礼済ませられ、先例の通り年号を改めさせられ候《そうろう》、就《つい》ては是迄《これまで》吉凶の象兆《しょうちょう》に随《したが》ひ屢々《しばしば》改号これ有《あ》り候《そうろう》へ共《ども》、自今《じこん》御一代一号に定められ候、これに依り慶応四年を改め明治元年と為すべき旨仰《おお》せ出《いだ》され候事」と。(2)これ本条の依る所の令典なり。(3)

(1)『日本書紀』巻二五。〔孝徳天皇、即位前紀〕

(2)これは次にかかげる詔に副《そ》えられた布告である。

(3)明治元年九月八日の改元の詔は次の如し。

「詔《みことのり》す。太乙《たいいつ》を体して位に登り、景命《けいめい》に膺《あた》り、以て元を改む。洵《まこと》に聖代の典型にして万世の標準なり。朕《ちん》否徳と雖《いえど》も、幸《さいわい》に祖宗の霊祇に頼り、鴻緒《こうしょ》を承《う》け、躬《みずから》万機の政《まつりごと》を親にす。乃《すなわ》ち元を改め、海内《かいだい》億兆と与《とも》に更始一新せんと欲す。其《そ》れ慶応四年を改めて、明治元年と為す。今自以後、旧制を革易し、一世一元、以て永式と為す。主者施行せよ」。

第三章　成年立后立太子

第十三条　天皇及《および》皇太子皇太孫ハ満十八年ヲ以《もっ》テ成年トス

恭《つつしみ》て按《あん》ずるに、中古以来天皇元服の制を設けらる。大抵十一歳より十五歳に至り元服を行はれたり。明治九年民法上の丁年《ていねん》を定めて満二十年とす。本条天皇および皇太子皇太孫のために成年を定めて十八年としたるは、天皇および皇嗣《こうし》は神器の重に当り、尋常《じんじょう》通法のかかはる所に非《あら》ざればなり。

第十四条 前条ノ外《ほか》ノ皇族ハ満二十年ヲ以《もっ》テ成年トス

恭《つつしみ》て按《あん》ずるに、天皇および皇嗣《こうし》の成年を以てこれを他の皇族に及ぼさざるは前条特例の限《かぎり》に在らざるなり。

第十五条 儲嗣《ちょし》タル皇子ヲ皇太子トス皇太子在《あ》ラサルトキハ儲嗣タル皇孫ヲ皇太孫トス

恭《つつしみ》て按《あん》ずるに、皇太子古《いにしえ》は「ひつぎのみこ」と称《とな》ふ。神武天皇紀に「皇子《みこ》神《かむ》渟名川耳尊《ぬなかわみみのみこと》を立てて皇太子《ひつぎのみこ》と為《し》たまふ」(1)と。これ乃《すなわ》ち史臣皇太子の称を用ゐ、日嗣《ひつぎ》の御子《みこ》の名に当てたる者にして、中古以来は取て典礼とせられたり。その皇子に非《あら》ずして入て皇嗣《こうし》となるも、史臣また皇太子を以て称《とな》ふ（成務《せいむ》天皇日本武尊《やまとたけるのみこと》の第二子足仲彦尊《たらしなかつひこのみこと》（後の仲哀《ちゅうあい》天皇）を立てて皇太子と為す。即ち皇姪なり）。従姪孫の天皇にして族叔祖を立つるに至《いたり》てもまた太子と呼べり（孝謙《こうけん》天皇の淳仁《じゅんにん》天皇に於ける、これなり）。ただし、或は立太子を宣行するあり、或は宣行せざるありて、その実一定の成例あらず。皇弟を立つるに至ては或は儲君《ちょくん》と称《とな》へ（反正《はんぜい》天皇の履中《りちゅう》天皇に於ける）、或は太子と称《とな》へ（後三条《ごさんじょう》天皇の後冷泉《ごれいぜい》天皇に於ける）、或は太弟と称《とな》ふ（嵯《さ》峨《が》・淳和《じゅんな》・村上《むらかみ》・円融《えんゆう》・後朱雀《ごすざく》・順徳《じゅんとく》・亀山《かめやま》）。また未だ画一ならず。今既に皇位継承の法を定め、明文の掲ぐる所と為すときは、立太子・立太孫のほか、支系より入て大統を承《う》くるの皇嗣《こうし》は立坊《りつぼう》の儀文《ぎぶん》に依ることを須《もち》ゐず。而《しこう》して皇太子・皇太孫の名称は皇子皇孫に限るべきなり。

（1）『日本書紀』巻三、「四十有二年春正月壬子朔《ついたち》甲寅《きのえとらのひ》、皇子《みこ》神渟名川耳尊《かむぬなかわみみのみこと》（後の綏靖《すいぜい》天皇）を立てて皇太子《ひつぎのみこ》と為《し》たまふ」。〔神武天皇、四十二年正月〕

第十六条　皇后皇太子皇太孫ヲ立ツルトキハ詔書《しょうしょ》ヲ以《もっ》テ之《これ》ヲ公布ス

恭《つつしみ》て按《あん》ずるに、立后《りっこう》の事は神武天皇以来歴世の帝紀に載せたり。而《しこう》して立后の詔《みことのり》は始めて聖武天皇紀に見ゆ。その宣命《せんみょう》に謂《い》へることあり。「天下《あめのした》の政《まつりごと》に於きて独り知るべき物にあらず。必《かならず》も後《しりえ》の政あるべし。此《こ》は事立つにあらず。天《あめ》に日月ある如《ご》と地に山川ある如《ご》と並び坐《いまし》て在るべしと云ふことは汝等《いましたち》、王《おおきみたち》、臣等《おみたち》明《あきらか》に見、知れることなり云々」(1)。この詔命は坤位《こんい》冊立《さくりつ》の義を表するに於て事理昭明、更に賛辞を須《もち》ゐざる者なり。本条に立后の大礼必ず詔書を以て公布することを定むるは、先王の典故を重んじ、かつ中古以来中宮・准后《じゅごう》の設あり、従て冊立の儀を欠くことあるは、将来に依るべきの模範と為すべからざることを明《あきらか》にするなり。

立太子の詔は始めて光仁《こうにん》天皇紀(2)に見ゆ。『貞観儀式《じょうがんぎしき》』(3)に(立皇太子儀章)宣制の式を載す。曰く、「法《のり》のままに有るべき政として某(4)の親王《みこ》を立てて皇太子《ひつぎのみこ》と定め賜ふ、故此《かれこれ》の状《さま》を悟りて百官人等《もものつかさのひとども》仕へ奉《まつ》れと詔《の》る云々」と。けだし皇太子・皇太孫は祖宗《そそう》の正統を承《う》け、皇位を継嗣せむとす。故に、皇嗣の位置は立坊《りつぼう》の儀に由《よ》り始めて定まるに非《あら》ず。而《しこう》して立坊の儀はこれに由《より》て以て臣民の瞻望《せんぼう》を饜《あ》かしむる者なり。

（1）『続日本紀』巻一〇。［聖武天皇、天平元年八月］

（2）『続日本紀』巻三一。「随法《のりのまにま》に皇后御子《おおきさきのみこ》他戸親王《おさべのみこ》を皇太子《ひつぎのみこ》とさだめたまふ。故此状《かれこのさま》悟《さと》りて百官人等《もものつかさのひとども》仕奉《つかえまつれ》と詔《の》りたまふ天皇御命《すめらがおおみこと》を諸《もろもろ》聞こしめさへと宣《の》る」云々。［光仁天皇、宝亀二年正月］

（3）『貞観儀式』巻五、立皇太子儀、「随法爾可有伎政止志其親王立而皇太子止定賜布故此之状悟天百官人等仕奉礼止詔」云々。

（4）「其の親王」の誤りであろう。

第四章　敬　称

第十七条　天皇太皇太后皇太后皇后ノ敬称ハ陛下トス

恭《つつしみ》て按《あん》ずるに、陛下は臣下より天子に敷奏《ふそう》するときの敬称なり。本条に陛下の敬称を以て通じて至尊《しそん》に対するの称謂《しょうい》とし、而《しこう》して敷奏陛見《ふそうへいけん》の辞に限らざるは、旧典を敷衍《ふえん》してこれを内外に広むるなり。

大宝の令に三后に上啓するは殿下と称《とな》ふ。(1) 本条に太皇太后・皇太后・皇后皆陛下と称ふるは、嫡后国母は至尊に斉匹《せいひつ》し、至尊と倶《とも》に臣民の至隆なる敬礼を受くべければなり。ただし、君位は一ありて二なし。皇后は固《もと》より佗《ほか》の皇族と均《ひとし》く人臣の列に居る。而《しこう》して大宝の制とその称を殊《こと》にしてなほその実を同じくすることを失はざるなり。

(1) 参照、『令義解』巻六、「儀制令」皇后条。

第十八条 皇太子皇太子妃皇太孫皇太孫妃親王親王妃内親王王王妃女王ノ敬称ハ殿下トス

恭《つつしみ》て按《あん》ずるに、本条は旧制皇太子に於て殿下と称《とな》ふるの例に因《よ》り、推してこれを皇族に及ぼすなり。

第五章　摂　政

第十九条　天皇未《いま》タ成年ニ達セサルトキハ摂政《せっしょう》ヲ置ク
天皇久《ひさし》キニ亘《わた》ルノ故障ニ依《よ》リ大政ヲ親《みずか》ラスルコト能《あた》ハサルトキハ皇族会議及《および》枢密顧問ノ議ヲ経テ摂政ヲ置ク

恭《つつしみ》て按《あん》ずるに、摂政は以て皇室避くべからざるの変局を救済し、一は皇統の常久を保持し、二は大政の便宜を疏《そ》通《つう》し、両《ふた》つながら失墜の患を免《まぬか》るる所以《ゆえん》なり。摂政は天皇の天職を摂行《せっこう》し、一切の大政および皇室の内事皆天皇に代りこれを総《そう》攬《らん》す。而《しこう》して至《し》尊《そん》の名位に居らざるなり。これを古今および各国に参照するに、摂政の事例一に非《あら》ず。或は君祚《くんそ》を仮摂するあり(飯豊 青尊《いいとよのあおのみこと》の摂政に居たまへるはこれに近し)。或は人臣を以て大政を摂行するあり(殷《いん》の伊《い》尹《いん》、我が藤原良房《よしふさ》これなり)。或は共同摂政を組織し、輔臣を以て摂政体と為すあり(周の幽王《ゆうおう》の後の共和、および巴威爾［バイエルン］、索遜［ザクセン］、瓦敦堡［ヴュルテンベルク］等の国に於ける共同摂政これなり）。而《しこう》して国家の危機また往々摂政の時に起る者少からず。本条は摂政を認めて摂位を認めず。以て大統を厳慎にするなり。而《しこう》して人臣の摂政を許さざるは次条に於てこれを見る。

天皇久きに亘《わた》るの故障とは、重患弥留《びりゅう》歳月の久きに亘り医治の望《のぞみ》なく、またはその他の事故に因《よ》り、天職曠闕《こうけつ》なるを謂《い》ふ。而《しこう》してその大政を親《みずか》らするに堪へざるに至《いたり》て、始めて摂政を置くの事あるべし。もし天皇一時の疾病違和《しっぺいいわ》または国疆《こっきょう》の外に在《いま》すの故を以て、皇太子皇太孫に命じ代理監国《かんこく》せしむるが如きは、大宝令「令《りょう》を以て勅《ちょく》に代へよ」(1)の制に依り、別に摂政を置かず（欧洲各国またこの例を同じくす）。摂政を置くは已《や》むを得ざるの必要に由《よ》る。故に、天皇既に成年に達し、または違予《いよ》常に復したまふときは、摂政を罷《や》むること別に明言を待たずして知るべきなり。

次項皇族会議および枢密顧問の議を経るは何ぞや。けだし事体《じたい》時ありて或は疑似に渉《わた》ることあるを免れず。故に、典範に於てその議を経ることを掲げて要件と為すなり。その諮詢《しじゅん》と謂《い》はずして議を経と謂へるは何ぞや。天皇或は諮詢の命を親《みずか》らすること能《あた》はざるの情況に在るも、皇族会議・枢密顧問は皇室の大事に於て推諉《すいい》傍観すべきに非《あら》ず。進みてその誠を致し、以て宮禁《きゅうきん》の大計を定むべきなり。その或は皇族会議に由《より》て発議し枢密顧問の審議に付すると、或は枢密顧問の発議に由り皇族会議の協同を求むると、倶《とも》に時宜に従ふなり。

（1）『令義解』巻七、「公式令」勅旨式条、「皇太子の監国せむも、またこの式に准じて令《りょう》を以て勅《ちょく》に代へよ」。

第二十条　摂政ハ成年ニ達シタル皇太子又《また》ハ皇太孫之《これ》ニ任ス

第二十一条　皇太子皇太孫在《あ》ラサルカ又《また》ハ未《いま》タ成年ニ達セサルトキハ左ノ順序ニ依《よ》リ摂政ニ任ス

第一　親王及《および》王

第二　皇后
第三　皇太后
第四　太皇太后
第五　内親王及《および》女王

恭《つつしみ》て按《あん》ずるに、推古天皇紀に「厩戸豊聡耳皇子《うまやどのとよとみみのみこ》（聖徳太子）を立てて皇太子《ひつぎのみこ》と為したまふ。仍《よ》りて録摂政《まつりごとふさねかわらしむ》。万機《よろずのまつりごと》を以て悉《ことごと》に委《ゆだ》ねたまふ」（1）、これを皇太子摂政の例とす。仲哀《ちゅうあい》天皇崩じ応神《おうじん》天皇胎中に在り。皇母神功《じんぐう》皇后摂政す（2）。これを皇后摂政の例とす。顕宗《けんぞう》天皇紀に「白髪《しらが》天皇（清寧《せいねい》天皇）崩《かむさ》りたまふ。是《こ》の月、皇太子億計《おけ》王（のちの仁賢《にんけん》天皇）、天皇（顕宗天皇）と位を譲り、久しうして処《い》たまはず。是《これ》に由《よ》りて天皇の姉飯豊青皇女《いろねいいとよのあおのひめみこ》、忍海角刺宮《おしのうみつぬさしのみや》に於て臨朝秉政《みかどまつりごと》したまふ」（3）、これを皇女摂政の例とす。上世摂政に当る者は必ず皇族に限る。中古以来始めて大臣摂政の例あり。而《しこう》して要するに一時の便宜にして以て後世の模範と為すべからず。本条摂政の制を定め、皇族に限り人臣に及ぼさざるは、けだし大政の繫《かか》る所を厳にし、神器の重きを慎むなり。

第一条に皇位を継承するは男系の男子に限ることを掲げたり。而《しこう》して本条皇后・皇女に摂政の権を付与するは、けだし上古以来の慣例に遵《したが》ひ、かつ摂政その人を得るの道を広くし、人臣に下及するの漸を杜《ふさ》がむとなり。

第二十条に謂《い》へる皇太子・皇太孫の成年は第十三条に依る。その他親王以下普通の成年に達せざるはなほ摂政に任ずべからざること知るべきなり。

(1)『日本書紀』巻二二。〔推古天皇、元年四月〕
(2)『日本書紀』巻九、「冬十月癸亥朔甲子、群臣《まえつきみたち》皇后〔神功皇后〕を尊びて皇太后と曰す。是年《ことし》、太歳辛巳、即ち摂政《まつりごとふさねおさめたまふ》元年と為す」。〔神功皇后、摂政元年〕
(3)『日本書紀』巻一五。〔顕宗天皇、即位前紀〕

第二十二条　皇族男子ノ摂政ニ任スルハ皇位継承ノ順序ニ従フ其《そ》ノ女子ニ於《お》ケルモ亦之《またこれ》ニ準ス

恭《つつしみ》て按《あん》ずるに、上代皇太子摂政の任に当るの事あるは、これ既に摂政の重任と皇位継承の順序とを以て併せて一条の軌轍《きてつ》と為すの義例《ぎれい》を始むる者なり。けだし各国古史の載する所に参考するに、摂政は長年徳器の人を択《えら》びてこれに任ず。而《しこう》して継統《けいとう》の変多くはこれに因《より》て起る。本条に摂政の任を以て専《もっぱ》ら皇位継承の順序に従はしむるは、宗統の倫序《りんじょ》を以て併せて摂政に及ぼし、危疑の門を将来に絶つ所以《ゆえん》なり。故に、第十九条に依り摂政を置くを要するの時あるに際《いた》りては、皇位継承の順次に当れる皇族は、群臣の推奉あるを待たずして、進みて摂政に任ずるの権利および義務を有すべきこと、皇太子の大位を継ぐに於けると異なること無きなり。

皇族女子は皇位継承の権なし(第一条)。ただし、摂政に任ずるの順序は皇族男子の継承の順序に比準して先後を定む。

第二十三条　皇族女子ノ摂政ニ任スルハ其《そ》ノ配偶アラサル者ニ限ル

恭《つつしみ》て按《あん》ずるに、上代既に嫁《か》するの皇族女子摂政に任ずるの例あることなし。けだしその夫に従ふの義と並行すべからざればなり。而《しこう》して異姓に嫁するの王女は王族に非《あら》ざるときは、従てまた摂政の権あらざるべきなり。ただし、その皇族に嫁するの後、夫を喪《うしな》ひ寡居《かきょ》する者、および異姓に嫁するも離婚して本族に復し(1)、または孀婦《そうふ》となるの後、その夫の家を離れ本族に復する者(1)は、なほ摂政たるの権を失はざるべし。故に本条は未だ嫁せざるの皇女と謂《い》はずして配偶あらざる者と謂ふ。

(1)　参照、明治四〇年「皇室典範増補」第六条。

第二十四条　最近親《さいきんしん》ノ皇族未《いま》タ成年ニ達セサルカ又《また》ハ其《そ》ノ他ノ事故ニ由《よ》リ他ノ皇族摂政ニ任シタルトキハ後来最近親ノ皇族成年ニ達シ又《また》ハ其《そ》ノ事故既ニ除《のぞ》クト雖《いえども》皇太子及《および》皇太孫ニ対スルノ外其《ほかそ》ノ任ヲ譲ルコトナシ

恭《つつしみ》て按《あん》ずるに、本条は明文を以て予《あらかじ》め疑義を判ずるなり。皇太子・皇太孫は大統の宗系に居る。故に、已《すで》に成年に達し、または事故已《すで》に除くときは、他の皇族および皇后以下摂政に当れる者すべてその任を譲らざることを得ず。ただし、甲の皇族と乙の皇族との間にして単に親疎の別ある者に在《あり》ては、一たび摂政に当れるの甲は更にその任を乙に譲ることを要せず、また任意にこれを譲ることを得ざる者とす。

第二十五条　摂政又《また》ハ摂政タルヘキ者精神若《もしく》ハ身体ノ重患アリ又《また》ハ重大ノ事故アルトキハ皇族会議及《および》枢密顧問ノ議ヲ経テ其《そ》ノ順序ヲ換フルコトヲ得

恭《つつしみ》て按《あん》ずるに、摂政または摂政たるべき者重患または重故あるに因《よ》り、その順序を換《か》ふるの必要なる時機あるに当《あたり》ては、皇族会議および枢密顧問は和衷同心《わちゅうどうしん》以てその誠を致し大計を定めざることを得ず。

本条に重患と謂《いい》て不治の重患と謂《い》はず。第九条と文を異にするは彼此《ひし》の間に固《もと》より軽重の別あればなり。

第六章　太　傅

第二十六条　天皇未《いま》タ成年ニ達セサルトキハ太傅《たいふ》ヲ置キ保育ヲ掌《つかさど》ラシム

恭《つつしみ》て按《あん》ずるに、太子傅《たいしふ》の職は大宝の令に見ゆ（1）。而《しこう》して持統天皇紀に「直広壱当《じきこういちたき》麻真人国見《まのまひとくにみ》を以て東宮太傅《みこのみやのおおかしつき》と為す（2）」の事を載せたれば、けだしその由《より》て来《きた》ること久《ひさし》きなり。本条天皇幼冲《ようちゅう》のために太傅《たいふ》を置くことを定むるは、保傅《ほふ》の任その重きこと摂政に亜《つ》げばなり（大宝令に「傅一人、道徳を以て東宮を輔《たす》け導くことを掌《つかさど》る」（1））。而《しこう》して太傅《たいふ》は専《もっぱ》ら保育教導の任に止《とど》まり、大政に干預《かんよ》することなく、摂政は大政を摂行するも、保導および天皇の私事に干渉せず。

（1）『令義解』巻一、「東宮職員令」東宮傅条。
（2）『日本書紀』巻三〇。［持統天皇、十一年二月］

第二十七条 先帝遺命ヲ以《もっ》テ太傅《たいふ》ヲ任セサリシトキハ摂政ヨリ皇族会議及《および》枢密顧問ニ諮詢《しじゅん》シ之《これ》ヲ選任ス

第二十八条 太傅《たいふ》ハ摂政及其《およびそ》ノ子孫之《これ》ニ任スルコトヲ得ス

第二十九条 摂政ハ皇族会議及《および》枢密顧問ニ諮詢《しじゅん》シタル後ニ非《あら》サレハ太傅《たいふ》ヲ退職セシムルコトヲ得ス

恭《つつしみ》て按《あん》ずるに、摂政は大政を総摂《そうせつ》するのみならず、兼《かね》てまた皇家の内事を監督す。故に先帝の遺命あらざりしときは、摂政は太傅《たいふ》を選任するの事を怠らざるべく、而《しこう》して摂政およびその子孫は太傅に任ずることを得ず、および太傅の任免は必ず皇族会議および枢密顧問に諮詢《しじゅん》し、而《しこう》して後決行することを定むるは、危疑の門を慎み、摂政をしてその忠順を全くせしめむとなり。

第七章　皇　族

第三十条　皇族ト称《とな》フルハ太皇太后皇太后皇后皇太子皇太子妃皇太孫皇太孫妃親王親王妃内親王王王妃女王ヲ謂《い》フ

恭《つつしみ》て按《あん》ずるに、太皇太后・皇太后は『令義解』に「天子の祖母の后位に登る者を謂ふ。太皇太后と為《な》す」「天子の母の后位に登る者を謂ふ。皇太后と為す」[1]と云へり。『続日本紀』に「天平応真仁正《てんぴょうおうしんにんしょう》皇太后、聖武《しょうむ》皇帝儲弐《ちょじ》たりし日納《い》れて以て妃と為す」[2]とあり。これ古《いにしえ》は皇太子の正配《せいはい》を称《とな》へて妃と謂《い》ひしなり（御息所《みやすどころ》の称は延喜以後の物語に見ゆ。けだし俗称にして典例に非《あら》ざるなり）。また『日本書紀』に大津皇子妃、皇女山辺《やまのべ》の文あり（持統紀）[3]。これおよそ皇子の正配また妃と称へしなり。

皇族とはおよそ皇胤《こういん》の男子およびその正配および皇胤の女子を謂《い》ふ。およそ皇族の男子は皆皇位継承の権利を有する者なり。故に、中世以来空しく府庫《ふこ》を費す(4)を以て姓を賜ひ臣籍に列するの例は本条の取らざる所なり。皇女にして異姓の臣籍に嫁《か》したる者はその夫の身分に従ふ。故に、本条に内親王・女王と謂へるは未《いま》だ嫁せざるの女王を指すこと知るべきなり。

太皇太后・皇太后・皇后の叙列は大宝令に依り尊属の序次に従ふなり。(5)

(1) 『令義解』巻七、「公式令」平出条。

(2) 『続日本紀』巻二二、「六月〔天平宝字四年〕乙丑、天平応真仁正《てんぴょうおうしんにんしょう》皇太后〔光明《こうみょう》皇后〕崩ず。姓は藤原氏。近江の朝〔天智《てんじ》天皇〕の大織冠内大臣鎌足《かまたり》の孫。平城《ならの》朝〔元明天皇〕贈正一位太政大臣不比等《ふひと》の女《むすめ》なり。母を贈正一位県《あがた》の犬養橘《いぬかいのたちばな》の宿禰三《すくねのみ》千代《ちよ》といふ。皇太后幼にして聡恵《そうけい》にして早く声誉《せいよ》を播せり。勝宝感神聖武《しょうむ》皇帝儲弐《ちょじ》たりし日納《い》れて以て妃と為す。時に年十六」云々。〔淳仁天皇、天平宝字四年六月〕

(3) 『日本書紀』巻三〇、「庚午、皇子大津を訳語田《おさた》の舎《いえ》に賜死《みまか》らしむ。時に年二十四。妃皇女山辺《みめひめみこやまのべ》、髪《みくし》を被《くだ》し徒跣《すあし》にして、奔赴《ゆ》きて殉《ともにし》ぬ」。〔持統天皇、称制前紀〕

(4) 『類聚三代格』巻一七、弘仁五年五月八日の嵯峨天皇の詔、「朕……男女稍《や》や衆《おお》し。未だ子道《しどう》を識《し》らず、還りて人の父と為る。辱《かたじけな》くも封邑《ほうゆう》を累《かさ》ね、空しく府庫《ふこ》を費す。朕懐《こころ》を傷《いた》め」云々。参照、明治四〇年「皇室典範増補」。

（5）『令義解』巻七、「公式令」平出条。「皇族身位令」（明治四三年皇室令二号）の定める班位《はんい》では皇后・太皇太后・皇太后の順序とせられる（同一条）。

第三十一条　皇子ヨリ皇玄孫ニ至ルマテハ男ヲ親王女ヲ内親王トシ五世以下ハ男ヲ王女ヲ女王トス

恭《つつしみ》て按《あん》ずるに、子の子を孫《うまご》とし、孫の子を曽孫《ひひこ》とし、曽孫の子を玄孫《やしわこ》とす（『和名抄』に依る）(1)。子を一世とし、孫を二世とし、曽孫を三世とし、玄孫を四世とし、玄孫の子を五世とす。大宝令に「親王より五世」(2)と謂《い》へる是《こ》れなり。これを上古に考ふるに皇子は「みこ」と称《とな》へ、皇女は「ひめみこ」と称ふ。親王・内親王の称は持統天皇紀「六年正月朔、親王、内親王、女王、内命婦等に位を賜ふ」(3)と見えたるを始《はじめ》とす。大宝令に「凡《およ》そ皇の兄弟皇子を、皆親王と為《せ》よ」(4)と。この時未《いま》だ宣下《せんげ》の式あらず。宣下の式はけだし淳仁《じゅんにん》天皇紀に「兄弟姉妹《あにおとあねいもと》悉《ことごと》に親王《みこ》と称《まお》せ」(5)と見えたるを始とす。皇孫にして親王・内親王の宣下ありしは三条天皇の皇孫敦《あつ》貞《さだ》親王・敦元《あつもと》親王・儇子《けんし》内親王・嘉子《かし》内親王を始とす。紹運録《じょううんろく》に見えたる亀山《かめやま》天皇の皇子恒明《つねあき》親王・その子全仁《またひと》親王・その子満仁《みつひと》親王・その子直仁《なおひと》親王(6)・その子全明《またあきら》親王・その子恒直《つねなお》親王、相嗣て常葉井《ときわい》宮(7)と称へたるは、これ世襲親王家の始なり。けだし令《りょう》には親王の称は皇兄弟皇子に限りしを、その後宣下式に依り歴世の皇孫また親王の称を賜ひしなり。本条に皇玄孫以上は親王・内親王とすることを定むるは、現行の慣例を斟酌《しんしゃく》し、かつ宣下を待たずして皇親の王男・王女たることを示すなり。

大宝令五世以下は皇親の限《かぎり》に在らず(2)。而《しこう》して正親司《おおきみのつかさ》の司る所は四世以上に限る(8)。然《しか》るに、継体《けいたい》天皇の皇位を継承したまへるは実に応神《おうじん》天皇五世の孫を以てす。これ乃《すなわ》ち中古の制は必ずしも先王の遺範に非《あら》ざりしなり。本条に五世以下王・女王たることを定むるは、宗室《そうしつ》の子孫は五世の後に至るも、また皇族たることを失はざらしめ、以て親々の義を広むるなり(文武《もんむ》天皇慶雲三年の詔に曰く、「令に准ずるに五世の王、王の名を得と雖《いえど》も皇親の限《かぎり》にあらず。今五世の王は王の名ありと雖も已《すで》に皇親の籍《じゃく》を絶《たち》て遂《つい》に諸臣の例《つら》〔あるいは「列」に作る〕に入ること親を親とするの恩を顧み念《おも》ふに、籍を絶つの痛《いたみ》に勝《た》へず。自今以後、五世の王皇親の限にあらしむ。その嫡《ちゃく》を承《う》くる者は相承《あいうけ》て王となし、自余《そのほか》は令の如し(9)」と。また聖武《しょうむ》天皇天平元年の詔に曰く、「五世の王の嫡子已上《いじょう》孫王を娶《めと》て男女を生める者は皇親の限《かぎり》に入《い》る。自余《そのほか》は慶雲《きょううん》三年の格《きゃく》に依る(10)」と。その後桓武《かんむ》天皇延暦十年(11)に至り勅して令制に復したり)。

(1)『和名抄』(倭名類聚抄)、巻一、人倫部、子孫類。

(2)『令義解』巻四、「継嗣令」皇兄弟子条、「親王より五世は、王の名を得たりと雖《いえど》も、皇親の限《かぎり》に在らず」。

(3)『日本書紀』巻三〇、「五年(本文に「六年」とあるは誤り)春正月癸酉朔、親王、諸臣、内親王《ひめみこ》、女王《ひめおおぎみ》、内命婦《ひめまちぎみ》等に位を賜ふ」。[持統天皇、五年正月]

(4)『令義解』巻四、「継嗣令」皇兄弟子条。

(5)『続日本紀』巻二二、「六月(天平宝字三年)庚戌、帝(淳仁天皇)内安殿に御《おわ》し、諸司の主典《さかん》已上を喚《めし》て詔《みことのり》して曰く。……故是《かれここ》をもちて自今以後《いまよりゆくさき》舎人親王《とねりのみこ》追ひて皇とし崇道《すどう》尽敬皇帝《じんきょうおうたい》とまをし、当麻夫人《たぎまのおおとじ》を大夫人《おおみおや》とまをし、兄弟姉妹《あにおとあねいも》ことごとに親王《みこ》とまをせと宣《の》りたまふ天皇御命《すめらがおおみこと》を衆聞《もろもろきこ》しめさへと宣《の》る」云々。

(6)『本朝皇胤紹運録《ほんちょうこういんじょううんろく》』(新校群書類従所収)によれば満仁親王の御子は「直明王」とあり、花園天皇の第一皇子に「直仁親王」と見えている。
(7) これは「常盤井宮」の誤りであろう。
(8)『令義解』巻一、「職員令」正親司条。
(9)『続日本紀』巻三。[文武天皇、慶雲三年二月]
(10)『続日本紀』巻一〇。[聖武天皇、天平元年八月]
(11)『類聚三代格』巻一七、延暦一七年閏五月二三日の勅。「延暦十年」とあるは誤りであろう。

第三十二条 天皇支系ヨリ入《いり》テ大統ヲ承《う》クルトキハ皇兄弟姉妹ノ王女王タル者ニ特ニ親王内親王ノ号ヲ宣賜《せんし》ス

恭《つつしみ》て按《あん》ずるに、大宝令に「凡《およ》そ皇の兄弟皇子を、皆親王と為《せ》よ」とあり。(1)これ皇兄弟は皇子と同じく親王と称《とな》ふべきこと既に成典あるなり。天皇支系より入《いり》て大統を承《う》くれば皇兄弟姉妹は皆親王・内親王の尊号を得るは、光仁《こうにん》天皇大統を継ぎ皇弟湯原《ゆはら》王・榎井《えのい》王を陞《のぼ》せて親王と為《な》したまへるを以て始例とす。前条の注に引く所淳仁《じゅんにん》天皇兄弟姉妹の例また同じ。本条になほ宣下《せんげ》の例を用ゐるは前条とその義を異にすればなり。

（1）『令義解』巻四、「継嗣令」皇兄弟子条。

第三十三条　皇族ノ誕生命名婚嫁《こんか》薨去《こうきょ》ハ宮内大臣之《これ》ヲ公告ス

恭《つつしみ》て按《あん》ずるに、皇太子・皇太孫の立坊《りつぼう》は詔書を以て公布するのほか、およそ皇族の生死婚および命名は宮内大臣より公告す。けだし皇族は皇統の係る所にして臣民仰望《ぎょうぼう》の集まる所たり。故に、これを臣民に公《おおやけ》にし皆聞知らしむるなり。

第三十四条　皇統譜及《および》前条ニ関《かかわ》ル記録ハ図書寮《ずしょりょう》ニ於《おい》テ尚蔵《しょうぞう》ス

恭《つつしみ》て按《あん》ずるに、図書寮尚蔵《ずしょりょうしょうぞう》する所の皇統譜および皇族記録(1)は大統の源流を徴明《ちょうめい》し、宗室の本末を疏証《そしょう》す。本条特にこれを掲げて、皇室図書の登録は嫌疑を定め乱萌《らんほう》を絶つの典籍たることを明《あきらか》にす。

（1）参照、「皇統譜令」（大正一五年皇室令六号）。

第三十五条　皇族ハ天皇之《これ》ヲ監督ス

恭《つつしみ》て按《あん》ずるに、天皇は皇室の家父たり。故に、皇族の廩俸《りんぽう》は皇室経費より給賜《きゅうし》し、皇族各人の結婚または外国に旅行するは勅許を要し、父なきの幼男幼女の教育および保護は勅命に由《よ》る。およそ皇族はすべて天皇監督の下に在ること、家人の家父に於けるが如し。これ乃《すなわ》ち皇族の幸福および栄誉を保つ所以《ゆえん》なり。

第三十六条　摂政在任ノ時ハ前条ノ事ヲ摂行ス

恭《つつしみ》て按《あん》ずるに、摂政は大政を摂行するのみならず、兼《かね》てまた皇室家父たるの事を摂行す。故に、皇族各人は摂政に対し家人従順の義務を有すべし。

第三十七条　皇族男女幼年ニシテ父ナキ者ハ宮内ノ官僚ニ命シ保育ヲ掌《つかさど》

ラシム事宜《じぎ》ニ依《よ》リ天皇ハ其《そ》ノ父母ノ選挙セル後見人ヲ認可シ又《また》ハ之《これ》ヲ勅選《ちょくせん》スヘシ

第三十八条　皇族ノ後見人ハ成年以上ノ皇族ニ限ル

恭《つつしみ》て按《あん》ずるに、天皇は皇族を監督す。故に、皇族幼年にして父なきときは、勅旨に由《よ》り宮内の官僚に命じて保育を掌《つかさど》らしむべし。或はその父の遺嘱《いしょく》に由り後見人を選挙しまたはその母後見人を選挙したるときは天皇これを認可し、或は特に後見人を勅選して保育に当らしむることあるは、皆事宜《じぎ》に従ふ。而して後見人の行ふ所の事はなほ天皇親《みずか》らこれを監督すべし。

第三十九条　皇族ノ婚嫁《こんか》ハ同族又《また》ハ勅旨《ちょくし》ニ由《よ》リ特ニ認許セラレタル華族ニ限ル

恭《つつしみ》て按《あん》ずるに、皇族の婚嫁《こんか》と謂《い》へるは、皇后を択《えら》ぶこと固《もと》よりその中に在り。

上代皇后は皇親に択ぶ。その人臣の家に取れるは聖武天皇藤原不比等《ふひと》の女安宿媛《あすかべ》を立てて皇后と為《な》したまへるに始まる（仁徳天皇の磐之媛《いわのひめ》に於けるは聖武天皇の詔の先例として引挙《いんきょ》したる所[1]なれども、その実なほ皇族に係る）。中古以来、皇親のほかは藤原氏・橘氏・平氏・源氏の四姓より皇后を奉ることとはなれり。その他の皇族は大宝令に「凡《およそ》王、親王を娶《めと》り、臣、五世の王を娶《めと》らば聴《ゆる》せ。唯《ただ》し五世の王は親王を娶ることを得ず[2]」と。これその婚娶《こんしゅ》に於てもつとも名位を重んじたるなり。本条は祖宗《そそう》の古法を存重し、また華族の家に婚嫁することを許すは、兼《かね》て中世以来の慣例を斟酌《しんしゃく》し貞淑を択ぶの道を広むるなり。而《しこう》してまた特に認許を得たるの家に限るは名門右族《ゆうぞく》を択ばむとなり。

（1）『続日本紀』巻一〇。［聖武天皇、天平元年八月］
（2）『令義解』巻四、「継嗣令」王娶親王条。

第四十条　皇族ノ婚嫁《こんか》ハ勅許《ちょっきょ》ニ由《よ》ル

恭《つつしみ》て按《あん》ずるに、皇族の婚嫁《こんか》必ず勅許に由《よ》るは、至尊《しそん》監督の大権に依り皇族の栄誉を保たしめむとなり。

第四十一条　皇族ノ婚嫁《こんか》ヲ許可スルノ勅書《ちょくしょ》ハ宮内大臣之《これ》ニ副署《ふくしょ》ス

恭《つつしみ》て按《あん》ずるに、皇族の婚嫁《こんか》本法に違《たが》ひ勅許を得ざる者はその婚嫁を認めず。その婦は皇族たるの礼遇および名称を得ざるべし。故に、勅許を付するに当《あたり》てまた特に慎重の意を致す。

第四十二条　皇族ハ養子ヲ為《な》スコトヲ得ス

恭《つつしみ》て按《あん》ずるに、皇家養子猶子《ゆうし》の習あるは、けだし嵯峨《さが》天皇の皇子源定《さだむ》を淳和《じゅんな》天皇の子とし（時の人定に二父母ありと云へり）(1)、源融《とおる》を仁明《にんみょう》天皇の子とせられたるに始まる。而《しこう》して未《いま》だ養子猶子の称《とな》へはあらず。皇族の支孫にして天皇の養子となれるは融の孫是茂《これしげ》を光孝《こうこう》天皇の養子とせられたるに始まる。猶子の称は『神皇正統紀』に亀山院天皇姪熙仁《ひろひと》を「猶子にして東宮にするたまふ」(2)とあり、および

『職原鈔』に「忠房の親王、後宇多院の御猶子為《た》り(3)」とあるを始めとす。猶子とはけだし皇子に準ずるの義なり(『大日本史』に「清仁《きよひと》親王、弟昭登《あきなり》等と、並に帝(花山《かざん》天皇)の薙髪《ちはつ》後の所生なり。帝、最も清仁を愛す。寛弘元年、左大臣道長に託して、二皇子を以て、冷泉《れいぜい》上皇の諸子に準ぜんことを請《こ》はしむ。勅して、清仁を以て第五子、昭登を第六子となし、並に親王となす」(4))。およそこれ皆中世以来の沿習《えんしゅう》にして古《いにしえ》の典例に非《あら》ざるなり。本条は独り異姓に於けるのみならず、皇族互《たがい》に男女の養子を為すことを禁ずるは、宗系紊乱《びんらん》の門を塞《ふさ》ぐなり。その皇猶子の事に及ばざるは皇養子と同例なればなり。

(1)『三代実録』巻七、「太上天皇(嵯峨天皇)、定《さだむ》を以て、淳和天皇に奉《たてまつ》りて子と為し給ひき。淳和天皇受けて愛し給ふこと、所生の子に過ぎ、更に寵姫永原氏に賜ひて、母と為らしめ給ひき。故に世、定に二父二母有りと称しき」。参照、『大日本史』巻九〇。

(2)『神皇正統記』「第九十一代、伏見院、諱《いみな》は熙仁《ひろひと》、後深草第一の子。御母玄輝《げんき》門院《もんいん》藤原愔子《やすこ》、左大臣実雄《さねお》の女《むすめ》なり。後嵯峨の御門、継体《けいたい》をば亀山とおぼしめし定《さだめ》ければ、深草の御流いかがとおぼえしを、亀山、弟順《ていじゅん》の儀をおぼしめしけるにや、此君を御猶子にして東宮にすゑ給《たまい》ぬ」。

（3）『職原鈔』下巻、「忠房の親王、三世の源氏と為《し》て宣旨《せんじ》を蒙らる。世以て未曽有と為す。但《ただ》し一向後宇多院の御猶子為《た》りと」云々。

（4）『大日本史』巻九四。山路愛山訳。

第四十三条　皇族国疆《こっきょう》ノ外ニ旅行セムトスルトキハ勅許《ちょっきょ》ヲ請フヘシ

恭《つつしみ》て按《あん》ずるに、これ皇族天皇の監督に属する要件の一に居る者なり。疆外《きょうがい》に旅行する者勅許を要するときは、外国政府の文武の官に補する者は謂《い》はずして知るべきなり。

第四十四条　皇族女子ノ臣籍《しんせき》ニ嫁《か》シタル者ハ皇族ノ列ニ在《あ》ラス但《ただ》シ特旨《とくし》ニ依《よ》リ仍《なお》内親王女王ノ称ヲ有セシムルコトアルヘシ

恭《つつしみ》て按《あん》ずるに、女子の嫁《か》する者はおのおのその夫の身分に従ふ。故に、皇族女子の臣籍《しんせき》に嫁したる者は皇族の列に在らず。ここに臣籍と謂《い》へるは専《もっぱ》ら異姓の臣籍を謂へるなり。なほ内親王または女王の尊称を有せしむることあるは、近時の前例に依るなり。然《しか》るにまた必ず特旨あるを須《ま》つは、その特に賜《たま》へるの尊称にしてその身分に依るに非《あら》ざればなり。

第八章　世伝御料

第四十五条　土地物件ノ世伝御料《せでんごりょう》ト定メタルモノハ分割譲与スルコトヲ得ス

恭《つつしみ》て按《あん》ずるに、世伝御料《せでんごりょう》は皇室に係属《けいぞく》す。天皇はこれを後嗣《こうし》に伝へ、皇統の遺物とし、随意に分割しまたは譲与せらるることを得ず。故に、後嵯峨天皇、後深草天皇をして亀山天皇に位を伝へしめ、遺命を以て長講堂領二百八十所を後深草天皇の子孫に譲与ありたるが如きは、一時の変例にして将来に依るべきの典憲に非《あら》ざるなり。

上代に屯家《みやけ》を置かる。または御田《みた》と呼ぶ。御田の穀を収むるの処を屯倉《みやけ》と謂《い》ふ。垂仁《すいにん》天皇紀に「屯倉、此《これ》をばミヤケと云ふ(1)」と註《ちゅう》せる、これなり。仁徳天皇紀に「倭(やまと)の屯田(みた)は毎(つね)に御宇(あめのしたしろしめす)天皇の屯田なり。それ帝皇《みかど》の子《みこ》といへども御《あめのしたしろしめす》　宇　に非《あら》ざれば掌《つかさど》ることを得じ」とあり。これ上古既に世伝御料の制ありて継体《けいたい》の天皇これを掌有《しょうゆう》したまひしなり。その他の屯田《みた》は賜予《しよ》または遺命を以て分割譲予《じょうよ》せらるることとすべて勅旨に随《したが》ふ者あり。即ち、天皇の私法上の財産として皇室に係属せざる者なり。安閑《あんかん》天皇紀に「皇后、次妃《つぎのみめ》のために屯倉の地を建立《た》て、後代に留めしめて、前迹《まえのあと》を顕はさしめむ(3)」とあるが如き、これ世伝御料とその類を異にすること知るべきなり。

我が肇国《ちょうこく》の初、夙《つと》に一国統治の公義に依り、豪族の徒を斥《しりぞ》けてその私に邦土を領有するを許さず(『古事記』建御雷神《たけみかずちのかみ》大国主命に問へらくの条に、汝《な》が、うしはける葦原の中つ国は我が御子の知らさむ国なり云々(4))。而して皇室の経費は全国の租税を以てこれを供奉《きょうほう》し、更に内庫の私産を用ゐて供給するを仮《か》らざりしは、全く立憲の主義に符合する者にして、善美なる国体の基礎なりと謂《い》ふべし。故に、本条は上代のいはゆる屯家御田《みやけみた》の類専《もっぱ》ら一部の御料に属する者を指す。而《しこう》して皇室経費は別に憲法を以てこれを定めたり。

（1）『日本書紀』巻六。〔垂仁天皇、二十七年〕

（2）『日本書紀』巻一一、「纏向玉城宮《まきむくのたまきのみやに》御宇《あめのしたしらしし》天皇〔垂仁天皇〕の世に、太子大足《おおたらし》彦尊《ひこのみこと》〔後の景行天皇〕に科《おお》せ倭《やまと》の屯田《みた》を定めしむ。是《こ》の時に勅《のたま》ふ旨《おおみこと》は、凡《おおよ》そ倭《やまと》の屯田《みた》は毎《つね》に御宇天皇《あめのしたしろしめすすめらみこと》の屯田なり。其《そ》れ帝皇《みかど》の子《みこ》といへども、御宇《あめのしたしろしめす》に非ざれば掌《つかさど》ることを得じ」。〔仁徳天皇、即位前紀〕

（3）『日本書紀』巻一八、「大伴大連金村《おおとものおおむらじかなむら》奏《もう》して曰く、また臣《やつがれ》も憂ひをす所なり。夫《そ》れ我が国家《みかど》の天下に王《きみ》とましますは、嗣《みつぎ》有ると嗣無きとを論《い》はず、要須《かならず》物に因《よ》りて名を為す。請ふ、皇后、次妃《つぎのみめ》のために屯倉の地を建立《た》て、後代に留めしめて、前迹《まえのあと》を顕はさしめむ」。〔安閑天皇、元年一〇月〕

（4）『古事記』上巻、「是を以て此の二神《ふたはしらのかみ》〔天鳥船神《あめのとりふねのかみ》と建御雷神《たけみかずちのかみ》〕、出雲国《いずものくに》の伊那佐《いなさ》の小浜《おばま》に降り到《つ》きて、十掬剱《とつかつるぎ》を抜きて、浪の穂に逆《さかしま》に刺し立てて、其《そ》の剱の前《さき》に趺《あぐ》み坐《い》て、其《そ》の大国主神《おおくにぬしのみこと》に問《と》言ひたまはく、天照大御神高木神《あまてらすおおみかみたかぎのかみ》の命《みこと》以《も》ちて、問ひに使はせり。汝《な》がうしはける葦原中国《あしはらのなかつくに》は、我《あ》が御子の知さむ国と、言依《ことよ》さし賜へり。故《かれ》汝が心奈何《いか》にぞととひたまふ」。

第四十六条　世伝御料ニ編入スル土地物件ハ枢密顧問ニ諮詢《しじゅん》シ勅書《ちょくしょ》ヲ以《もっ》テ之《これ》ヲ定メ宮内大臣之《これ》ヲ公告ス

恭《つつしみ》て按《あん》ずるに、土地物件の世伝御料に編入する者は普通民法の外に於て処分せらるべき者なり。故に、枢密顧問の議を詢《と》ふの後、勅書を以てこれを定むるはその慎重を致すなり。また宮内大臣より公告するは臣民をして普《あまね》くこれを聞知せしむるなり。

皇室常産は皇室の図書に登録し、その土地は地籍に明記するを要す。叡旨《えいし》を以て一たび皇室常産に編入せられたる者は、更に分離して私産となさるることを得ず。

第九章　皇室経費

第四十七条　皇室諸般ノ経費ハ特ニ常額ヲ定メ国庫ヨリ支出セシム

恭《つつしみ》て按《あん》ずるに、皇室の経費は特に常額を定め、国庫至重の義務として、毎年支出せしむ。けだし天皇は一国の元首として臣民を統治し、従て臣民の正供に由《よ》りその需要に奉ずるは当然の権利たり。故に、議会は皇室経費既定の歳額を議し、およびこれを検査するの権あることなし。ただし、新《あらた》に増額を要するに当《あたり》ては、更に議会の協賛を経るを要す。故に常額と謂《い》ふなり。

皇族の歳費は皇室経費より支《し》弁《べん》し、別に国庫予算の科目を設けず。いはゆる諸般経費の中に包括する者なり。

第四十八条　皇室経費ノ予算決算検査及《および》其《その》他ノ規則ハ皇室会計法ノ定

ムル所ニ依《よ》ル

恭《つつしみ》て按《あん》ずるに、皇室経費は既に議会の議を経ず、また会計検査院の検査を要せず。而《しこう》して別に皇室会計法(1)に依り、その条規を定めて、以て精確と節約とを要すべきなり。

(1) 参照、「皇室会計令」(明治四五年皇室令二号)。

第十章　皇族訴訟及懲戒

第四十九条　皇族相互ノ民事ノ訴訟ハ勅旨《ちょくし》ニ依《よ》リ宮内省ニ於《おい》テ裁判員ヲ命シ裁判セシメ勅裁《ちょくさい》ヲ経テ之《これ》ヲ執行ス

恭《つつしみ》て按《あん》ずるに、皇族と皇族との間に起る訴訟は内廷《ないてい》の裁判に依るべし。故に、宮内省に於てこれを勧解《かんかい》せしめ、勧解成らざるときは特に裁判員を命じてこれを裁判せしめ、更に勅裁を経てこれを執行せしむ。

その他普通の民法に於て裁判所の登録または処分を要する者は皆宮内省これに当る。

第五十条　人民ヨリ皇族ニ対スル民事ノ訴訟ハ東京控訴院ニ於《おい》テ之《これ》ヲ裁判ス但《ただ》シ皇族ハ代人ヲ以《もっ》テ訴訟ニ当ラシメ自《みずか》ラ訟廷ニ出ルヲ要セス

恭《つつしみ》て按《あん》ずるに、本条人民より皇族に対する民事の訴訟は東京控訴院に於てこれを裁判することを定むるは、皇族の特権を示すなり。而《しこう》してその詳節はけだし別にこれを定むる所あらむとす。その皇族より原告として人民に対する訴訟はなほ普通の訴訟原則に依り、被告人の所轄裁判所これを裁判すべきなり。

普通の訴訟人は、裁判所より本人訊問を要し召喚するに当り、訟廷に出ざることを得ず。而《しこう》して皇族は自ら出るを要せざるはこれまた特権たり。

その他の訴訟手続にしてこの典範または他の法律に別段の条規なき者はすべて普通の裁判構成法および訴訟法に依る。

第五十一条　皇族ハ勅許《ちょっきょ》ヲ得ルニ非《あら》サレハ勾引《こういん》シ又《また》ハ裁判所ニ召喚スルコトヲ得ス

恭《つつしみ》て按《あん》ずるに、皇族は犯罪あるもこれを勾引《こういん》することを得ず。その現行犯に於けるもまた同じ。また刑事の審問のために裁判所に召喚することを得ず。予審判事書記と倶《とも》にその所在に就《つい》て陳述を聴くべし。ただし、天皇の勅許を得たるときは例外とす。

皇族証人たるの場合は治罪法(1)にこれを掲《かか》ぐ(第百八十七条)。而《しこう》して勅許を予《あた》ふるの限《かぎり》に在らず。

(1)　「治罪法」(明治一三年布告三七号)のこの規定に該当する現行の規定は「皇室裁判令」(大正一五年皇室令一六号)第一九条である[一九四七年五月廃止]。

第五十二条　皇族其《そ》ノ品位ヲ辱《はずかし》ムルノ所行アリ又《また》ハ皇室ニ対シ忠順ヲ欠

クトキハ勅旨《ちょくし》ヲ以《もっ》テ之《これ》ヲ懲戒シ其《そ》ノ重キ者ハ皇族特権ノ一部又《また》ハ全部ヲ停止シ若《もしく》ハ剝奪《はくだつ》スヘシ

恭《つつしみ》て按《あん》ずるに、皇族は皇室に対し忠順の義務を負ふ者なり。故に、皇室に不忠なると、品位を辱《はずかし》むるの汚行《おこう》とは、倶《とも》に紀律を敗《やぶ》る者とし、懲戒の処分を被るべし。

皇族懲戒の権は天皇の親《みずか》ら執《と》る所たり。懲戒の重き者は皇族特権の一部または全部を停止し、または全部を剝奪《はくだつ》す。停止は期限あり、剝奪は期限なし。

第五十三条 皇族蕩産《とうさん》ノ所行アルトキハ勅旨《ちょくし》ヲ以《もっ》テ治産《ちさん》ノ禁ヲ宣告シ其《そ》ノ管財者ヲ任スヘシ

恭《つつしみ》て按《あん》ずるに、皇族蕩産《とうさん》の所行ある者に対し民法上治産の禁を宣告しおよびその管財者を命じ財産を管理せしむることまた勅旨に由《よ》る。これ固《もと》より天皇監督の権に属すればなり。

第五十四条　前二条ハ皇族会議ニ諮詢《しじゅん》シタル後之《これ》ヲ勅裁《ちょくさい》ス

恭《つつしみ》て按《あん》ずるに、皇族会議は皇室の内事につき天皇の諮詢《しじゅん》に応《こた》ふべく、而《しこう》して皇族の懲戒または治産の処分については特に諮詢を以て必要とす。

第十一章　皇族会議

第五十五条　皇族会議ハ成年以上ノ皇族男子ヲ以《もっ》テ組織シ内大臣枢密院議長宮内大臣司法大臣大審院長ヲ以《もっ》テ参列セシム

恭《つつしみ》て按《あん》ずるに、皇族会議は第一に皇室典範に係る改正の諮詢《しじゅん》を受け、第二に第十九条第二項および第二十五条の場合に於てその議を経るを要し、第三に皇嗣《こうし》を換ふる時に諮詢を受け、第四に皇族の懲戒および治産処分の諮詢を受け、その他皇室に係る重要の事件および民法に於て親族会議に係る事件の諮詢を受くべし。

その議事の規則のごときはけだし別にこれを定めらるべきなり。

第五十六条 天皇ハ皇族会議ニ親臨《しんりん》シ又《また》ハ皇族中ノ一員ニ命シテ議長タラシム

恭《つつしみ》て按《あん》ずるに、天皇皇族会議に親臨《しんりん》せらるるときは親《みずか》ら会議を統理《とうり》せらる。その親臨せられざるとき、または親ら会議を統理せられざるときは、別に議長を指命せらるべし。

第十二章　補　則

第五十七条 現在ノ皇族五世以下親王ノ号ヲ宣賜《せんし》シタル者ハ旧ニ依《よ》ル

恭《つつしみ》て按《あん》ずるに、典範の定むる所に依れば、五世以下の王は親王と称《とな》ふることを得ず。本条は現在の宣下《せんげ》親王のためにその既得の尊栄を奪はざるなり。而《しこう》してその継嗣《けいし》以下未《いま》だ宣下あらざるは典範の本則に依ることを知るべきなり。

第五十八条　皇位継承ノ順序ハ総《すべ》テ実系ニ依《よ》ル現在皇養子皇猶子《ゆうし》又《また》ハ他ノ継嗣タルノ故ヲ以《もっ》テ之《これ》ヲ混スルコトナシ

恭《つつしみ》て按《あん》ずるに、現在の親王家親王宣下ありしは多くは皇養子・皇猶子《ゆうし》たるの近例に従ひしなり。第四十二条は皇族養子の制を廃す。而《しこう》して現在既に行へる者に上及せず。ただし、皇位継承の順序はすべて宗支遠近の実系に依り、養子猶子の名称および甲家の子乙家の継嗣《けいし》たりしにかかはらず。その間多少紛錯《ふんさく》あるも、その名に因《より》てその実を混ずることなかるべきなり。

第五十九条　親王内親王王女王ノ品位《ほんい》ハ之《これ》ヲ廃ス

恭《つつしみ》て按《あん》ずるに、親王・内親王の叙品《じょほん》、王・女王の叙位《じょい》はけだし中古に在《あり》て隋唐の制に依れるなり。皇族既に品位《ほんい》を以て班別《はんべつ》を為《な》し、而《しこう》して親疎長幼の倫序従て失へり。そもそも皇族は生れて潢流《こうりゅう》の尊栄に居る。而して人臣の位階に依て陞叙《しょうじょ》するの比《たぐい》に非《あら》ず。本条に品位の旧制を廃するは一を倫序を以て重しとするに因《よ》るなり。

第六十条 親王ノ家格及《およ》ビ其《そ》ノ他此《こ》ノ典範ニ牴触《ていしょく》スル例規ハ総《すべ》テ之《これ》ヲ廃ス

恭《つつしみ》て按《あん》ずるに、有栖川宮《ありすがわのみや》、閑院宮《かんいんのみや》は明治元年閏四月の令に依り世襲親王たり(被仰出書《おおせいだされしょ》に「有栖川宮嫡子は即今より先、是迄《これまで》の通り御養子と為し、親王宣下有《あ》るべし。閑院宮嫡子相続の節より先、是迄《これまで》の通り御養子と為し親王宣下有るべし」)。賀陽宮、山階宮、聖護院宮、仁和寺宮、華頂宮、聖高院宮、梶井宮は同令に依り一代皇族たり(「嫡子始め姓を賜ひ臣籍に列せらるべし」)(1)。三年十二月十日の令に四親王(伏見宮、桂宮、有栖川宮、閑院宮を四親王とす)のほかの親王家は二代目より賜姓《しせい》華族に列せらるることを定めらる(山階宮、東伏見宮、梨本宮)。十四年二月小松宮親王を世襲皇族に、山階宮親王を二代皇族に列せらる。十六年七月久邇宮《くにのみや》親王を二代皇族に列せらる。今典範に於て已《すで》に皇養子・皇猶子の制を廃したるときは、従て世襲親王の旧制もまた廃除に帰せざることを得ず。皇子孫は諸王といへども、また皇族たることを失はざるときは、従て賜姓の制および一代皇族または二代皇族の家格はまた廃除に帰せざることを得ず。

（1）「照高院宮」の誤りであろう。

第六十一条　皇族ノ財産歳費及《および》諸規則ハ別ニ之《これ》ヲ定ムヘシ

恭《つつしみ》て按《あん》ずるに、皇族の各個財産および歳費廩給《りんきゅう》の方法およびその他皇族に係る諸般の規則はけだし別に皇族令（1）を以てこれを定めむとす。故に、典範は務めて大体を挙ぐ。而して詳節繁文に渉《わた》ることを欲せざるなり。

（1）今日では「皇室令」がこれに該当する［一九四七年五月廃止］。参照、明治四〇年「皇室典範増補」第七条、「公式令」（明治四〇年勅令六号）第五条。

第六十二条 将来此《こ》ノ典範ノ条項ヲ改正シ又《また》ハ増補スヘキノ必要アルニ当《あたり》テハ皇族会議及《および》枢密顧問ニ諮詢《しじゅん》シテ之《これ》ヲ勅定《ちょくじょう》スヘシ

恭《つつしみ》て按《あん》ずるに、皇室典範は天皇立憲を経始《けいし》したまへる制作の一として、永遠に伝へ、皇室の宝典たり。故に、本条その紛更《ふんこう》を慎《つつし》むの意を致すなり。そもそも憲法に拠《よ》るに、その条項に改正を要することあるときは、これを議会の議に付し、特に鄭重《ていちょう》なる方式に依り議決せしむ。而《しこう》して皇室典範に於ては独り皇族会議と枢密顧問に諮詢《しじゅん》するに止《とど》まり、憲法と同一の軌轍《きてつ》に依らざるは何ぞや。けだし皇室の事は皇室自らこれを決定すべくしてこれを臣民の公議に付すべきに非《あら》ざればなり。(1)

(1) これで「皇室典範義解」はおわる。底本ではこれにつづいて次のような「附言」が載せられていた。(原文は片仮名で、句読点・濁点を欠くことは本文と同じである)。

「会員伯爵伊藤博文君帝国憲法および皇室典範の義解を編成し、その稿本を本会に寄贈せられたり。君の意けだし学者の講究に資し、その発売所得の利を以て国家学の拡張を補せんとするに在り。而《しこう》して国家学の範囲に属する良著を得てこれを刊行販売し斯学の振興を助くるが如きは、固《もと》より本会の希図する所なるを以て、喜びて君の恵贈を受け速《すみやか》に剞劂《きけつ》に命じてこれを世に公布す。因《より》ていささかその縁由《えんゆ》を記して巻尾に附すと云爾《しかいう》。

明治二十二年五月　　　　国家学会」

附録

皇室典範および帝国憲法制定に関する御告文　［明治二二年二月一一日］

皇朕《すめらわ》レ謹《つつし》ミ畏《かしこ》ミ

皇祖

皇宗ノ神霊ニ誥《つ》ケ白《もう》サク皇朕《すめらわ》レ天壌無窮《てんじょうむきゅう》ノ宏謨《こうぼ》ニ循《したが》ヒ惟神《いしん》ノ宝祚《ほうそ》ヲ承継シ旧図《きゅうと》ヲ保持シテ敢《あえ》テ失墜スルコト無シ顧《かえり》ミルニ世局ノ進運《しんうん》ニ膺《あた》リ人文ノ発達ニ随《したが》ヒ宜《よろし》ク

皇祖

皇宗ノ遺訓《いくん》ヲ明徴《めいちょう》ニシ典憲ヲ成立シ条章ヲ昭示《しょうじ》シ内《うち》ハ以テ子孫ノ率由《そつゆう》スル所ト為《な》シ外《そと》ハ以テ臣民翼賛《よくさん》ノ道ヲ広メ永遠ニ遵行《じゅんこう》セシメ益々《ますます》国家ノ丕基《ひき》ヲ鞏固《きょうこ》ニシ八洲《はっしゅう》民生ノ慶福《けいふく》ヲ増進スヘシ茲《ここ》ニ皇室典範及《および》憲法ヲ制定ス惟《おも》フニ此《こ》レ皆

皇祖

皇宗ノ後裔《こうえい》ニ貽《のこ》シタマヘル統治ノ洪範《こうはん》ヲ紹述《しょうじゅつ》スルニ外《ほか》ナラス而《しこう》シテ朕《ちん》カ躬《み》ニ逮《したがい》テ時ト倶《とも》ニ挙行スルコトヲ得ルハ洵《まこと》ニ

皇祖
皇宗及我《わ》カ
皇考ノ威霊ニ倚藉《いしゃ》スルニ由《よ》ラサルハ無シ皇朕《すめらわ》レ仰《あおぎ》テ
皇祖
皇宗及
皇考ノ神祐《しんゆう》ヲ禱《いの》リ併《あわ》セテ朕《ちん》カ現在及将来ニ臣民ニ率先シ此ノ憲章ヲ履行《りこう》シテ愆《あやま》ラサラムコトヲ誓フ庶幾《こいねがわ》クハ
神霊此レヲ鑒《かんが》ミタマヘ

憲法発布勅語

［明治二二年二月一一日］

朕《ちん》国家ノ隆昌《りゅうしょう》ト臣民ノ慶福《けいふく》トヲ以《もっ》テ中心ノ欣栄《きんえい》トシ朕カ祖宗《そそう》ニ承《う》クルノ大権ニ依《よ》リ現在及《および》将来ノ臣民ニ対シ此《こ》ノ不磨《ふま》ノ大典ヲ宣布《せんぷ》ス

惟《おも》フニ我《わ》カ祖我カ宗ハ我カ臣民祖先ノ協力輔翼《ほよく》ニ倚《よ》リ我カ帝国ヲ肇造《ちょうぞう》シ以テ無窮《むきゅう》ニ垂《た》レタリ此レ我カ神聖ナル祖宗ノ威徳《いとく》ト並《ならび》ニ臣民ノ忠実勇武ニシテ国ヲ愛シ公ニ殉《したが》ヒ以テ此ノ光輝アル国史ノ成跡《せいせき》ヲ貽《のこ》シタルナリ朕我カ臣民ハ即《すなわ》チ祖宗ノ忠良ナル臣民ノ子孫ナルヲ回想シ其《そ》ノ朕カ意ヲ奉体《ほうたい》シ朕カ事ヲ奨順《しょうじゅん》シ相与《あいとも》ニ和衷協《わちゅうきょう》同《どう》シ益々《ますます》我カ帝国ノ光栄ヲ中外ニ宣揚《せんよう》シ祖宗ノ遺業ヲ永久ニ鞏固《きょうこ》ナラシムルノ希望ヲ同《おなじ》クシ此ノ負担ヲ分ツニ堪《た》フルコトヲ疑ハサルナリ

帝国憲法上諭

〔明治二二年二月一一日〕

朕《ちん》祖宗ノ遺烈《いれつ》ヲ承《う》ケ万世一系ノ帝位ヲ践《ふ》ミ朕カ親愛スル所ノ臣民ハ即《すなわ》チ朕カ祖宗ノ恵撫慈養《けいぶじよう》シタマヒシ所ノ臣民ナルヲ念《おも》ヒ其《そ》ノ康福《こうふく》ヲ増進シ其ノ懿徳良能《いとくりょうのう》ヲ発達セシメムコトヲ願ヒ又《また》其ノ翼賛《よくさん》ニ依《よ》リ与《とも》ニ倶《とも》ニ国家ノ進運《しんうん》ヲ扶持《ふち》セムコトヲ望《のぞ》ミ乃《すなわ》チ明治十四年十月十二日ノ詔命《しょうめい》ヲ履践《りせん》シ茲《ここ》ニ大憲ヲ制定シ朕カ率由《そつゆう》スル所ヲ示シ朕カ後嗣《こうし》及《および》臣民及臣民ノ子孫タル者ヲシテ永遠ニ循行《じゅんこう》スル所ヲ知ラシム

国家統治ノ大権ハ朕カ之《これ》ヲ祖宗ニ承《う》ケテ之ヲ子孫ニ伝フル所ナリ朕及朕カ子孫ハ将来此《こ》ノ憲法ノ条章ニ循《したが》ヒ之ヲ行フコトヲ愆《あやま》ラサルヘシ

朕ハ我カ臣民ノ権利及財産ノ安全ヲ貴重シ及之ヲ保護シ此ノ憲法及法律ノ範囲内ニ於テ其ノ享有ヲ完全ナラシムヘキコトヲ宣言ス

帝国議会ハ明治二十三年ヲ以テ之ヲ召集シ議会開会ノ時ヲ以テ此ノ憲法ヲシテ有《ゆう》効《こう》ナラシムルノ期トスヘシ

将来若此《もしこ》ノ憲法ノ或《あ》ル条章ヲ改定スルノ必要ナル時宜《じぎ》ヲ見ルニ至ラハ朕及朕カ継統ノ子孫ハ発議ノ権ヲ執《と》リ之ヲ議会ニ付シ議会ハ此ノ憲法ニ定メタル要件ニ依リ之ヲ議決スルノ外《ほか》朕カ子孫及臣民ハ敢《あえ》テ之カ紛更《ふんこう》ヲ試ミルコトヲ得サルヘシ

朕カ在廷ノ大臣ハ朕カ為《ため》ニ此ノ憲法ヲ施行スルノ責ニ任スヘク朕カ現在及将来ノ臣民ハ此ノ憲法ニ対シ永遠ニ従順ノ義務ヲ負フヘシ

御名御璽

明治二十二年二月十一日

内閣総理大臣　伯爵　黒田清隆
枢密院議長　伯爵　伊藤博文
外務大臣　伯爵　大隈重信
海軍大臣　伯爵　西郷従道
農商務大臣　伯爵　井上　馨
司法大臣　伯爵　山田顕義
大蔵大臣
兼内務大臣　伯爵　松方正義

陸軍大臣　伯爵　大山巌
文部大臣　子爵　森有礼
逓信大臣　子爵　榎本武揚

皇室典範上諭

［明治二二年二月一一日］

天佑《てんゆう》ヲ享有シタル我カ日本帝国ノ宝祚《ほうそ》ハ万世一系歴代継承シ以テ朕《ちん》カ躬《み》ニ至ル惟《おも》フニ祖宗肇国《ちょうこく》ノ初大憲一タヒ定マリ昭《あきらか》ナルコト日星ノ如《ごと》シ今ノ時ニ当《あた》リ宜《よろし》ク遺訓《いくん》ヲ明徴《めいちょう》ニシ皇家ノ成典ヲ制立シ以テ丕基《ひき》ヲ永遠ニ鞏固《きょうこ》ニスヘシ茲《ここ》ニ枢密顧問ノ諮《し》詢《じゅん》ヲ経皇室典範ヲ裁定シ朕カ後嗣《こうし》及《および》子孫ヲシテ遵守スル所アラシム

皇室典範増補

〔明治四〇年二月一一日〕

御告文

皇朕《すめらわ》レ謹《つつし》ミ畏《かしこ》ミ
皇祖
皇宗ノ神霊ニ告《つ》ケ白《もう》サク皇室典範ハ
皇祖
皇宗ノ遺《い》範《はん》ヲ明徴《めいちょう》ニシ天壌無窮《てんじょうむきゅう》ノ宏基《こうき》ヲ鞏固《きょうこ》ニスル所以《ゆえん》ニシテ紹述《しょうじゅつ》以来爰《ここ》ニ十有九年皇朕《すめらわ》レ我カ諸昆《しょこん》ト倶《とも》ニ之《これ》ニ欽遵《きんじゅん》シテ敢《あえ》テ違越《いえつ》スルコトナシ今ヤ国祺《こくき》倍々《ますます》隆昌ニシテ
皇祖
皇宗ノ威霊《いれい》遐《とお》ク四裔《しえい》ニ顕赫《けんかく》タルノ時ニ膺《あた》リ進運ヲ照察シ成典ヲ増益シ以テ尊厳保《ほ》

維《い》ノ図《と》ヲ廓《おおい》ニシ子孫率由《そつゆう》ノ道ヲ裕《ゆたか》ニスルハ亦《また》
皇祖
皇宗聖謨《せいぼ》ノ存スル所ニ外《ほか》ナラス皇朕《すめらわ》レ茲《ここ》ニ皇室典範増補ヲ制定シ仰《あおぎ》テ
皇祖
皇宗ノ神祐《しんゆう》ヲ禱《いの》リ永遠ニ履行シテ愆《あやま》ラサラムコトヲ誓フ庶幾《こいねがわ》クハ
神霊《しんれい》此ヲ鑒《かんが》ミタマヘ

天祐ヲ享有シタル我カ日本帝国皇家ノ成典ハ祖宗ノ洪範《こうはん》ヲ紹述《しょうじゅつ》シテ敢《あえ》テ違《たが》フコトアルナシ而《しこう》シテ人文ノ発展ハ寰宇《かんう》ノ進運ニ随《したが》ヒ制度ノ燦備《さんび》ハ条章ノ増広ヲ必トス是《こ》ノ時ニ当《あた》リ朕《ちん》ハ祖宗ノ丕基《ひき》ヲ永遠ニ鞏固《きょうこ》ニスル所以《ゆえん》ノ良図《りょうと》ヲ惟《おも》ヒ且《かつ》憲章ニ由《より》テ以テ皇族ノ分義ヲ昭《あきらか》ニセムコトヲ欲シ茲《ここ》ニ皇族会議及《および》枢密顧問ノ諮詢《しじゅん》ヲ経テ皇室典範増補ヲ裁定シ朕カ子孫及臣民ヲシテ之《これ》ニ率由《そつゆう》シテ愆《あやま》ルコトナキヲ期セシム

御名御璽

明治四十年二月十一日

宮内大臣　子爵　田中光顕
内閣総理大臣　侯爵　西園寺公望
陸軍大臣　寺内正毅
農商務大臣　松岡康毅
海軍大臣　斎藤実
大蔵大臣　法学博士　阪谷芳郎
逓信大臣　山県伊三郎
司法大臣　松田正久
内務大臣　原敬
文部大臣　牧野伸顕
外務大臣　子爵　林董

皇室典範増補

第一条　王ハ勅旨《ちょくし》又ハ情願ニ依《よ》リ家名ヲ賜《たま》ヒ華族ニ列セシムルコトアルヘシ

第二条　王ハ勅許《ちょっきょ》ニ依リ華族ノ家督相続人トナリ又ハ家督相続ノ目的ヲ以テ華族ノ養子トナルコトヲ得

第三条　前二条ニ依リ臣籍ニ入リタル者ノ妻直系卑属及其ノ妻ハ其ノ家ニ入ル但《ただ》シ他ノ皇族ニ嫁シタル女子及其ノ直系卑属ハ此ノ限《かぎり》ニ在《あ》ラス

第四条　特権ヲ剝奪《はくだつ》セラレタル皇族ハ勅旨《ちょくし》ニ由《よ》リ臣籍ニ降《こう》スコトアルヘシ

前項ニ依リ臣籍ニ降サレタル者ノ妻ハ其ノ家ニ入ル

第五条　第一条第二条第四条ノ場合ニ於テハ皇族会議及枢密顧問ノ諮詢《しじゅん》ヲ経ヘシ

第六条　皇族ノ臣籍ニ入リタル者ハ皇族ニ復《ふく》スルコトヲ得ス

第七条　皇族ノ身位其ノ他ノ権義ニ関スル規程ハ此ノ典範ニ定メタルモノノ外別《ほか》ニ之ヲ定ム

皇族ト人民トニ渉《わた》ル事項ニシテ各々《おのおの》適用スヘキ法規ヲ異ニスルトキハ前項ノ規程ニ依ル

第八条　法律命令中皇族ニ適用スヘキモノトシタル規定ハ此ノ典範又ハ之ニ基ツキ発スル規則ニ別段ノ条規ナキトキニ限リ之ヲ適用ス

皇室典範増補

〔大正七年一一月二八日〕

朕惟《ちんおも》フニ祖宗ノ遺範《いはん》ヲ紹述《しょうじゅつ》シ時ニ随《したが》ヒ宜ヲ制シ以テ国運ノ進展ニ順応スルハ皇考ノ宏謨《こうぼ》ニシテ朕ノ率循《そつじゅん》スル所ナリ今ヤ皇家ノ成典ヲ増広スルノ要ヲ認メ皇族会議及《および》枢密顧問ノ諮詢《しじゅん》ヲ経テ皇室典範増補ヲ裁定シ茲《ここ》ニ之《これ》ヲ公布セシム

御名御璽

大正七年十一月二十八日

宮内大臣　子爵　波多野敬直
内閣総理大臣兼司法大臣　原　敬
海軍大臣　加藤友三郎
外務大臣　子爵　内田康哉
大蔵大臣　男爵　高橋是清

皇室典範増補

皇族女子ハ王族又《また》ハ公族ニ嫁スルコトヲ得

陸軍大臣　田中義一
農商務大臣　山本達雄
内務大臣　床次竹二郎
文部大臣　中橋徳五郎
逓信大臣　野田卯太郎

解　題

人の知るように、伊藤博文が勅命を奉じて起草した皇室典範および大日本帝国憲法の草案が明治二一〔一八八八〕年のはじめに完成するや、新たに枢密院が設けられ、これらの草案はそれに諮詢《しじゅん》せられることになった。

このときに伊藤博文そのほかの草案起草関係者の手許《てもと》では皇室典範案および帝国憲法案の各条項ごとに説明を附した文書ができていたが、それを蒟蒻《こんにゃく》版で刷ったものを各顧問官に配布して枢密院での審議の参考たらしめた。いわばそこでの原案理由書ともいうべきものである。

明治二二年に至り、いよいよ皇室典範と帝国憲法が制定せられることになったときに、この逐条説明書をなんらかの形で公にすべきかどうかが草案起草関係者の間で問題となった。これを官報で公布しようという意見すらあったらしい。井上毅《いのうえこわし》は、しかし、彼の私著として公刊することを主張した。伊藤博文は機密を漏洩《ろうえい》すると難ぜられる恐れがあるといってはじめその公刊に反対したが、後、これに賛成し、枢密院会議で各顧問官に配布せられた説明書をさらに草案起草関係者ならびに諸学者の共同審査に附することにした。

この共同審査の会合は伊藤博文が議長となって枢密院官舎で行われた。それは憲法発布直後、すなわち、明治二二年二月中旬にはじめられ、三月上旬におわった。それに参加した人としては、草案起草関係者(ただし、金子堅太郎《かねこけんたろう》を除く)のほかには、穂積陳重《ほづみのぶしげ》・富井政章《とみいまさあきら》・末岡精一《すえおかせいいち》の各帝国大学教授および大蔵参事官阪谷芳郎《さかたによしろう》などの名が伝えられている。そこでなかなか活潑な議論が行われたそうである。

この共同審査会で原案とせられたのは、「憲法」と題せられてある菊倍判一三六頁の印刷物で、その内容はさきに枢密院会議で各顧問官に配布せられた帝国憲法の逐条説明書がさらにそこでいろいろと修正せられたものである。この「憲法」が後の「大日本帝国憲法義解」の稿本にあたるわけであるから、ここでこれを「義解稿本」と呼ぶことにする。

この原案——すなわち、「義解稿本」——に対して、そこでどういう修正をしたかというと、原案の不穏当な字句を改めたほかは、主としては原案の説明を簡潔にして不必要な誤解の生ずる余地のないようにしただけのようである。

皇室典範の逐条説明書も同様にそこで審議せられたかどうか。この点を校註者はいまのところまだ詳《つまび》らかにすることができずにいる。おそらく、帝国憲法の逐条説明書と同じように取扱われたのではないかと想像せられる。

かようにして成立した皇室典範および帝国憲法の逐条説明書はそれぞれ「皇室典範義解」および「大日本帝国憲法義解」と題せられることになった。「義解」はあるいははじめは、「令義解《りょうのぎげ》」における「義解」のように、「ぎげ」と訓《よ》まれていたのかも知れぬが、その後の実際では一般に「ぎかい」と訓まれている(たとえば『日本百科大辞典』の「憲法義解」の項を見よ)。現代の訓み方としてはこれが適当であろう。

この両義解は主として井上毅の筆になると一般に伝えられている。右にのべられたように、両義解は枢密院会議における逐条説明書の後身であり、しかもその逐条説明書は元来井上毅の起草にかかるものなのであるから、それは間違いではない。むろん、逐条説明書は枢密院の修正を経ているし、また「義解稿本」は右の共同審査会の修正を経ているから、両義解の文章が全部そのまま井上の筆になるということはできぬが、それに対してもっとも多くを貢献しているのが彼であることは明らかであるから、彼をもって両義解の父とすることは決して間違いではない。

この両義解――すなわち、「皇室典範義解」と「大日本帝国憲法義解」――の公刊の方法についてもいろいろな意見があったようであるが、結局伊藤博文の私著とし、その著作権を国家学会に寄贈して、同会をして公刊させることになった。

国家学会はこの寄贈を受けるや、両義解を一冊にまとめて公刊した。これが通常単に「憲法義解」と呼ばれるもので、本書に収められたのが、すなわち、これである。

この公刊本は四六判、明治二二年四月二四日印刷、同年六月一日出版。発行人は博聞社・金港堂・丸善商社書店および哲学書院。印刷は印刷局。はじめに「大日本帝国憲法義解」があり(一～一四二頁)、次に「皇室典範義解」がある(一四三～二〇〇頁)。巻頭には「国家学会之章」という印が押されてあり、ついで、伊藤博文の序文が彼の手書体のまま印刷されてある。表紙の中央には「憲」の字があり、おわりの表紙の中央には「典」の字がある。扉にも背中にも「帝国憲法 皇室典範 義解」という複合的な題名があるだけで、統一的な題名は示されていない。この書に対して実際上「憲法義解」という統一的な題名が与えられていること、従って、ここでもそれをこの書の統一的な題名として採用することは、「校註者はしがき」でのべられたところである(この初版本の扉および伊藤博文の序文の一部は巻頭に写真版でかかげておいた)。

この「憲法義解」はその後多くの版を重ね、それと共に発行人も印刷所も変り、発行人は後に専《もっぱ》ら丸善株式会社がこれにあたることになった。昭和五〔一九三〇〕年四月には第一四版が出たが、昭和一〇年に至って増補第一五版を発行し、ここではじめて初版本以来の体裁に変更を加えた。すなわち、扉の体裁を変更し、「枢密院議長伊藤伯著」を「伊藤博文著」とし、扉の次の紙に押してあった「国家学会之章」という印を削り、新たに目次を附し、それまでの版本にあった各頁の框《わく》を除き、さらに、「大日本帝国憲法義解」の前に皇室典範および帝国憲法制定に関する御告文・憲法発布勅語および憲法上諭を、「皇室典範義解」の前に皇室典範上諭を、その後に皇室典範増補を加えた。また、背中も単に「憲法義解」と改めた(ここで「憲法義解」という統一的な題名がなかば採用されたといってもいい)。現在まで流布しているのは、すなわち、この増補版である。

国家学会はかように両義解を一冊にまとめて公刊すると同時に、別に両義解をそれぞれ独立に四六倍版本として印刷せしめた。これをここで「大型本」と呼ぶことにする。「大日本帝国憲法義解」は一一四頁、「皇室典範義解」は五〇頁。前者の表紙には「帝国憲法義解」、後者のそれには「皇室典範義解」とあり、それぞれ「不許翻刻」と附記してある。いずれも明治二二年四月二四日印刷出版。発行所は国家学会、印刷は印刷局である。これは一般に売り出されたものではなく、国家学会の関係者に配布せられたものであろうとおもわれる。

両義解ができると共に伊藤博文は伊東巳代治《いとうみよじ》に命じて「大日本帝国憲法義解」を英訳せしめ、それを洋行する金子堅太郎に渡し、欧米の諸学者にそれを寄贈し、批評を求めさせた(その点については金子堅太郎「憲法制定と欧米人の評論」を見よ)。

この英訳の版権は伊藤博文から英吉利《イギリス》法律学校(今日の中央大学)に与えられ、後者によって公刊された。公刊本は明治二二年六月二八日印刷出版。原著作者は伊藤博文、翻訳者は伊東巳代治、版権所有者兼発行者は英吉利法律学校総代高橋健三、印刷は大蔵省印刷局とある。内容は「大日本帝国憲法義解」の英訳のほかに最初に憲法上諭の英訳が載せられてあり、さらに附録として御告文・憲法発布勅語・皇室典範・貴族院令・議院法・選挙法および会計法の英訳が収められている。

後、明治三九〔一九〇六〕年六月二七日再版が発行せられ、選挙法および議院法の改正に応じて附録に適当な増補が施された。さらに、昭和六〔一九三一〕年五月二〇日に至り、第三版が発行せられたが、これは再版になんらの変更を加えていない。

この英訳本――これをここで「伊東本」と呼ぶことにする――は、その作られた事情からいっても、その翻訳者が憲法草案の起草に参与した伊東巳代治であることからいってても、いわば半官的な英訳と考えられる。その意味でそれは「憲法義解」の解釈にあたって参考文献としてきわめて重要な意味をもつであろう。

なお「憲法義解」には平島及平《ひらしまきゅうへい》による漢訳本がある。明治四〇年五月一〇日印刷、同月一七日発行。発行所は東亜同文書局。「大日本帝国憲法義解」と「皇室典範義解」の両者の漢訳を内容とする。

伊藤博文の「憲法資料」には「伊藤枢密院議長皇室典範義解憲法義解ヲ進ムルノ表」と題する次のような文書が載っている（同書、上巻四一頁。そこには「憲法解義」とあるが、「憲法義解」の誤りであろう）。

「臣博文恭《つつしん》デ奏ス。皇室典範及《および》帝国憲法ノ草案ニ附スル所ノ説明更ニ僚属ト倶《とも》ニ研磨考証シ再三稿ヲ易《か》ヘ修正繕写シ、謹《つつしん》デ乙夜《いつや》ノ覧《らん》ニ供《そな》フ。伏シテ惟《おも》フ憲章ノ成ルハ一ニ親裁ニ依ル、大義精確炳《へい》トシテ日星《じっせい》ノ如ク、文理深奥辞ノ賛《さん》スベキナシ。博文草スル所敢《あえ》テ大典ノ註疏《ちゅうそ》ト為《な》スニ非《あら》ズ、聊《いささ》カ備考ノ一ニ充《あ》テムコトヲ冀《こいねが》フ。臣博文恐惶頓首

明治二十二年四月

枢密院議長勲一等伯爵臣伊藤博文」

これによってみると、「憲法義解」が完成すると共に、伊藤はこれを明治天皇の闕下《けっか》に奉呈したものとおもわれる。

「憲法義解」はその形式においては伊藤博文の私著であるが、その実質においては皇室典範および大日本帝国憲法に関する半官的な逐条説明書であるということができる。

このことは第一にその起草者ないしは著者の資格から帰結せられうる。それを主とし

て書いた井上毅は皇室典範および帝国憲法の条項草案の起草にもっとも多く貢献した人であり、また、その著者となった伊藤博文は、いうまでもなく、憲法関係の諸法典の草案起草の中心として活躍した人である。「憲法義解」がなによりこれらの人の手になるということは、ただそれだけでもその半官的性格を示すに足りるものといえる。

「憲法義解」の半官的性格はさらにその成立の過程によっていっそう強められている。さきにもいわれたように、「憲法義解」の基礎をなすものは枢密院会議において皇室典範および帝国憲法の草案の各条項に附せられた説明書である。その説明書がさらにそれらの草案起草関係者ならびに諸学者によって共同審査せられて今日の「憲法義解」になったのであるから、それはその実質においては諸法律に関して政府からしばしば発表せられる理由書のようなものだということができる。

明治二五〔一八九二〕年三月印刷せられ、内閣記録局の編輯《へんしゅう》にかかる「法規分類大全」第二編巻一（政体門一）には「参考」として「憲法義解」における伊藤博文の序と「大日本帝国憲法義解」の全文が載っている。このことは右にのべられたような「憲法義解」のもつ半官的性格をきわめて雄弁に証明するとおもわれる。

人の知るように、明治九〔一八七六〕年九月元老院議長に下し賜わった国憲草案起草に関する勅語には「朕爰《ちんここ》ニ我《わが》建国ノ体ニ基《もとづ》キ広ク海外各国ノ成法ヲ斟酌《しんしゃく》シ以テ国憲ヲ定メントス。汝等《なんじら》ソレ宜《よろ》シク之《これ》ガ草按《そうあん》ヲ起創《きそう》シ以テ聞《きこ》セヨ。朕将《まさ》ニ撰《えら》バントス」と仰《おお》せられてある。すなわち、一方において「広ク海外各国ノ成法ヲ斟酌シ」つつ、同時にあくまで「我建国ノ体ニ基」くことが実にわが憲法草案の起草に関する指導原理とせられたところであり、後に伊藤博文等がその起草に従事するにあたって指導原理としたところも、またこれにほかならぬ。この指導原理がいかに具体化せられたか。その点に関する草案起草関係者たちの苦心の跡を示すものが実にこの「憲法義解」である。

いやしくもわが憲法について多少でも研究しようとする者は何人もまずこれを検討しなくてはならぬ。

校註者

解　説　井上毅と明治憲法――『憲法義解』成立前後

坂本一登

一　はじめに

『憲法義解』は、大日本帝国憲法すなわち明治憲法の注釈書である。明治二一(一八八八)年六月の枢密院第一審会議の際、憲法草案を審議する参考資料として提出された条文の「説明」がその原型であった。その後、加除修正されて、憲法公布後の明治二二(一八八九)年四月、伊藤博文の名前で『憲法義解』として公刊され、以後、明治政府の準公式的な憲法説明書とみなされるようになった。憲法条文の「説明」原案を起草し、その後の修正においても中心になったのは憲法起草者の一人、井上毅《こわし》であった。その意味で、伊藤の名で公刊されたものの、『憲法義解』の実質的な著者は井上である。本解説は、その井上を中心に、憲法条文とその条文の注釈書である『憲法義解』がいかなる憲法観に基づいて起草され、いかなる葛藤を経て成立したか、そして近代日本の憲政史上にいかなる意義をもったかについて、考察しようとするものである。

明治憲法は、かつて不磨の大典と呼ばれた。その語感は、憲法が確乎として統一された構想の下に制定されたことを連想させる。また、人によっては、統一された構想ということから、明治一四年政変でプロイセン型立憲政体の採用が決定され、ドイツモデルに基づいて粛々《しゅくしゅく》と憲法が制定されたイメージを想起するかもしれない。プロイセンを始めとするドイツ諸邦の憲法が参照されたのは事実であるが、しかし、明治憲法の制定過程は、決してそのような単純なものでも、予定調和的なものでもなかった。

非西欧世界で初めて本格的に立憲政治を導入するにあたって、憲法をいかに制定すれば、安定と成果を得られるかという問いは、誰にとっても見透しがたく答えるのがむずかしいものであった。そして、そうした不確実性に対応して、当時の藩閥政府内には、憲法や立憲政治について様々な考え方や構想が存在し、それらの間の相克を反映して、憲法条文と条文の「説明」を確定する作業は、思いのほか紆余曲折をたどったのである。

実は、草案の起草を直接担当した、伊藤、井上、伊東巳代治《みよじ》、金子堅太郎《けんたろう》の憲法起草者たちの間にさえ、憲法観や立憲政治の運営構想について小さくない相違があり、そうした相違に由来する持続的な緊張が、憲法起草過程を複雑なものとした。とりわけ、行政と議会との関係をいかに規定するかという問題をめぐって、より具体的に言えば、のちに憲法第六七条問題として知られる議会の予算審議権にかかわる問題や、憲法第九条にかかわる命令と法律との関係をめぐって一筋縄ではいかない対立を引き起こした。さらにそうした緊張は、憲法の文言や「説明」の文章の確定にとどまらず、制定された憲法正文の解釈をめぐっても、深刻な葛藤を生じさせ、憲法制定後には井上と伊東との間に雌雄を争う確執さえ生むことになるのである。

憲法条文やその「説明」である『憲法義解』は、一見無味乾燥で、ことさら興趣を覚えるものではないかもしれない。しかしその短い条文の文言と『憲法義解』の文章には、憲法起草者たちが、自らの信じる憲法観や政治的価値を実現するために争った壮絶なドラマが秘められているのである(1)。

二　憲法起草をめぐって――『憲法義解』の成立

井上毅とドイツ学

まず、実質的な起草者である井上毅について、簡単に触れておこう。井上毅は、天保一四(一八四三)年熊本藩の陪臣の子として生まれた。幼年時から秀才の誉れ高く、藩校時習館《じしゅうかん》で居寮生《きょりょうせい》(特待生)となり、朱子学を中心とした漢学の修学に励んだ。幕末にはフランス語を学び、明治五(一八七二)年司法省から岩倉使節団の一員としてフランスに派遣されて、司法行政の調査にあたった。その際、西欧文明に遭遇して深い影響を受け、帰国後、『治罪法備攷』を始めとする司法四部作を著して、拷問の廃止など司法制度の近代化を提唱した。(2) 明治一四年政変では、プロイセン型立憲政体の採用を主張して、政変の舞台回しの一人として活躍し、明治一九(一八八六)年秋から伊藤博文の命を受けて本格的に憲法の起草にあたった。

井上は、明治一四年政変時のイメージが強く、一般に保守的な君主主義者とみなされることが多い。確かに、明治一四年政変時、イギリス型立憲政体論に反対し、プロイセン型立憲政体の採用を迫ったのは事実である。しかし、井上をしてプロイセンを憧憬する超然主義者とみなすことは、尚早である。というのも、当時の井上は、「「コンスチチユシオン」の政とは即ち「アブソリュ」の政に（訳専制）対するの名にして君権限制の政を謂《い》ふなり」「民選議院あらずして「コンスチチュシオン」独り成立する物にあらず」（「憲法意見控」）と述べて、君民共治への共感を示すなど、フランス留学時に触れた立憲主義への理解を隠さず、民権派との共通性も少なくなかったからである。

それにもかかわらず、井上がプロイセン型立憲政体の採用を主張したのは、当時の政府内外で広く唱えられていた、社会契約説を背景とする、イギリス型の政党内閣論や権力分立論に対抗する必要があったからである。井上にとって、イギリスにおいて政党内閣制が機能するのは、政党の党派性を緩和する貴族制が存在するからであって、日本のような、社会を統合する統治集団としての貴族制が存在しない国においては、政党内閣制は権力の争奪をめぐって国論の分裂を激化させ、国家を危《き》殆《たい》に陥らせるものに他ならなかった。またフランス共和制は「制度化され

井上 毅

た無秩序」と言うべきもので、モデルとしては絶対に採用してはならないものであった。

この意味において、ドイツをモデルとする行政権の強い漸進主義の提唱は、自らの法政理論に基づく積極的なものというより、イギリス型立憲政体論を阻止するために見出された窮余の策であった。しかも自らの選択が当時の政治社会においては少数派に属し、保守的なものと批判されることも自覚した上での決断だったのである。

しかし、明治一四年政変を契機に、井上は消極的選択だったドイツ学に接近し、やがてドイツ法政理論に準拠して日本の立憲政体の創設をめざすようになる。明治一四年九月独逸学協会を創設し、ドイツ法政理論の積極的な翻訳を通して、当時支配的だったイギリス学に対抗してドイツ学の影響力の拡大を図ろうとしたのである。(3)

もっとも、一般にドイツ学といえば、官僚主義的な統治の学を連想させるが、時期によって、あるいは人物によって必ずしも一様とは限らない。むしろ、井上が強く影響を受けたのは、ドイツ学の中でも、リベラルな側面をもつ、ブルンチュリとシュルツェであった。

ブルンチュリ(Johann Caspar Bluntschli, 1808-1881)は、一九世紀中期以降、すなわち国家的統一と立憲化が具体的な争点となった時期の、ドイツにおける自由主義的な国家理論家の代表的存在である。近代日本でも、早くから加藤弘之によって翻訳が開始され、政府内外で広く読者を獲得した。ブルンチュリが広く受容された理由は、第一に国家を平等な個人の自発的結社として説明する抽象的な社会契約説を批判して、「ナショナリティ原理」に基づく具体的で有機的な国民国家の在り方を提示した点にあった。そして第二に、そうした国民国家の有機的全体性を主張しながらも、ナショナリズムの危険性と中世的な専制の克服をめざして、国家形成にかかわる「公権」と国民の私的領域である「私権」とを区別し、「公権」による「私権」への不当な介入の拒否、すなわち支配者の恣意から国民の私的自由を守ることに、近代国家の本質的特徴があると指摘した点にあった(4)。

シュルツェ(Hermann Schulze, 1824-1888)は、ドイツ憲法理論の変遷期にあたる一九世紀後半に活躍した憲法学者である。それゆえシュルツェの議論には、国家における統一性を強調する国家人格説と、国民の権利や国家における多元性を強調する国家有機体説の両方の要素が含まれている。シュルツェの憲法理論の特徴は、そうした性格を反映して、一方で国家権力の統一性と不可分性を掲げて権力分立論を批判しながら、他方で権力分立論に市民的自由を保障する深い政治的真理があることも認め、国家権力の保持と行使とを区別し、国家権力を保持する主体は一つであるが、国家権力の行使は憲法の定める独立した機関の参与を通じて制限的に行われるとした点にあった。

またシュルツェは、ドイツ型立憲君主政を、前述した憲法理論の理想形として称揚したが、同時にドイツ民族の政治的伝統に深く根ざしたものとしても高く評価した。すなわち、ドイツ型立憲君主政の思想には、その核心に国民の自由と一体となった国王というゲルマン的な政治的伝統があり、その伝統は、ゲルマン古代から現代に至るまで、時代によってその具体的発現形態を変えながらも、ドイツ民族の歴史を通じて一貫して維持されてきた。つまり、ドイツ型立憲君主政は、西ヨーロッパ型の普遍的な立憲主義の単なる模倣ではなく、ゲルマン的な伝統に基づく独自の存在意義を有していると主張したのである。(5)

以上のように、ブルンチュリやシュルツェの議論は、社会契約説や権力分立論を批判して国民国家の歴史的存在性や国家権力の統一性を強調する一方、他方で国家権力の恣意から私的自由を積極的に擁護するリベラルな側面をもっていた。こうした二つの側面を有していることが、井上にとっては、ドイツ学へ接近する魅力であり、それはまた、新たに創設しようとする日本の立憲政体への展望をも切り開いてくれるものであったのである。

「初稿」

立憲君主政は、君主による国家権力の保持と、独立した機関による制限的な行使のいずれに比重をおくか、また両者をいかに関連させるかによって、多様な性格を帯びる。君主による保持を強調すれば超然的な君主政に近づき、独立した機関による制限的な行使、とりわけ議会に比重をおけば議会王政に変貌する。それでは、井上は、どのような方針に基づき憲法の起草を行ったのだろうか。

井上が本格的に憲法の起草に取りかかったのは、明治一九（一八八六）年の秋からである。その際、伊藤は井上に対して次のような基本方針を与えた。すなわち、天皇の大権は憲法により初めて成立したものではなく、「我国は王権ありて始めて憲法ある」という日本の政治的伝統に基づいて憲法を起草するように、と。この方針を受けて、井上が伊藤に、全四章三九条からなる憲法草案「初稿」を提出したのは、明治二〇（一八八七）年三月頃であった。井上の第一稿であるこの草案は、憲法起草の原点を確認する意味で注目に値するが、同時にのちの『憲法義解』につながる「説明」を含んでいる点でも重要である。

「初稿」は未完成の草案であるが、重要なのは、最初の二条である。第一条は「日本帝国ハ万世一系ノ天皇ノ治《しら》ス所ナリ」であり、第二条は「天皇ハ大政ヲ総攬シ此《こ》ノ憲法ニ於テ勅定スル所ノ条款ニ循《したが》ヒ之ヲ施行ス」である。第一条が、天皇の国家権力の保持にかかわり、第二条がその国家権力の行使にかかわる規定であることは一目了解されよう。井上は第二条の「説明」の最後に「前条および本条は実に憲法の柱礎《ちゅうそ》たり」と付け加えたが、この二条は井上が憲法を起草する際のまさに基軸となるものであり、井上の憲法起草とは、この二条の関連と、この二条の意味するところを具体的に条文化したものだったのである。

さて、天皇の国家権力保持に関して、「初稿」第一条は、その保持の在り方を「治《しら》す」と表現した。これが、いわゆる井上独特の「シラス」論と呼ばれるもので、のちの検討によって「治す」は「統治す」に改められるものの、最終的に憲法正文第一条となる。

この「治す」について、「初稿」の「説明」は次のように解説している。「国を治すとは以て全国王土の義に明にせらるのみならず、又君治の徳は国民を統治するに在《あり》て一人一家に享奉《きょうほう》するの私事に非ざる」。これだけでは意味を摑みにくいので、後年の著作である『言霊』により補足すると、井上にとって「シラス」とは「ウシハク」(領く)と対になる概念で、「ウシハク」が国土国民を支配者の私有物とみなす西欧や中国の歴史にみられるような支配様式を含意するのに対して、天皇の支配様式たる「シラス」は、こうした「ウシハク」とは「雲泥水火」の相違のある支配様式であり、土地人民を私有せず、しかも「力によるのではなく君徳に基づいて」行う統治を意味した[6]。

井上は、この「シラス」論によって、日本の政治的伝統の独自性と天皇統治の正当性を弁証し、またはこうした支配様式を近代的に翻訳したものであるがゆえに、明治憲法は「欧羅巴《ヨーロッパ》の憲法の写しにあらずして即ち遠つ御祖《みおや》の不文憲法の今日に発達したるものなり」(『梧陰存稿』)と主張したのであった。

もっとも、こうした「シラス」論の主張は、特殊な国体論を憲法学に導入したものとして、井上をして国学者流の人物とみなす要因ともなっている。実際井上は、漢文調の文体の条文にあえて和語の「治す」を選択し、「シラス」と「ウシハク」の対比や詞の解釈を『古事記』や本居宣長の『古事記伝』および北畠親房の『神皇正統記』などに依拠して説明している。

しかし、井上の「シラス」論には、別の側面も存在する。そもそも井上の学問的基礎は国学ではなく儒学にあった。「怪力乱神を語らず」という儒学合理主義の信奉者であった井上は、西欧の法政理論は評価したが、国学や神道に対しては「国学神学を唱ふるの徒、大抵古《いにしえ》に泥《なず》み今に通ぜず」と批判的だった。日本の古典に触れたのも遅く、井上が本格的に読み始めたのは、図書頭《ずしょのかみ》に就任した明治一七(一八八四)年八月のことであった。さらに「シラス」論自体、井上の年来の持論ではなく、「初稿」起草の直前、配下の池辺義象《よしかた》の示唆を受けて「発見」したものだった。しかもその「シラス」論は、戦前すでに神道学者や国学者などから重大な疑義が呈されているように、憲法制定当時にあっても決して通説ではなかったのである。(7)

これらを勘案すると、井上の「シラス」論は、保守的な国体論というより、大胆な伝統の創造と呼ぶ方がふさわしい。すなわちブルンチュリやシュルツェなどの西欧の国家学を踏まえて、日本の天皇統治の正当性を、神話というより当時の文明的で倫理的な基準から評価しようとしたものだった。国民を暴力によって抑圧しない支配の在り方の強調は、「国民の自由と一体となった国王」というゲルマンの伝統を力説したシュルツェの議論を彷彿とさせる。すなわち井上の「シラス」論とは、そうした西洋の視線を意識した上で、天皇統治を再解釈した「創られた伝統」(the invention of tradition)だったので

はあるまいか。(8)

さて、もうひとつの重要条文である「初稿」第二条は、のちに修正を経て、憲法正文の第四条「天皇ハ国ノ元首ニシテ統治権ヲ総攬シ此ノ憲法ノ条規ニ依リ之ヲ行フ」となる。井上は、「説明」において、まず「大政の淵源」が統一されなければならないのは、人間の意思が二、三あってはならないと同様であるとして国家有機体説を援用し、天皇の下に国家権力が分割されずに統一されていることを強調する。その上で、国家権力の行使は、「内閣及議院の輔翼《ほよく》に依り、大政を施行し」と、天皇の「独断専行」ではなく、憲法に規定された機関である内閣と議院の「輔翼」を通して行うもので、それが「立憲の治道を実践」するものであると解説したのである。

ただ、「初稿」は、臣民の権利義務・司法・財政(会計)・軍事などに関する条文を欠き、完結した草案というにはほど遠かった。そのため、井上は、「初稿」をたたき台として、四月下旬に乙案、五月下旬に甲案を作成する。いよいよここから、憲法の起草作業が本格的に始まることになるのである。

憲法起草過程(一)——一〇月草案まで

最初に、憲法起草過程の概略を述べておこう。明治一九(一八八六)年秋から本格的に始まった憲法起草作業は、前述のように、明治二〇(一八八七)年三月頃、井上毅が「初稿」を試草し、次いで六月までにはそれを推敲して甲案・乙案を完成させた。ほぼ同時期、お雇いドイツ人のヘルマン・ロエスレル(Hermann Roesler, 1834-1894)も「日本帝国憲法草案」をドイツ語で起草し、まもなく翻訳された。この井上の甲案・乙案とロエスレル草案を参考として、同年八月、伊藤博文が伊東巳代治と金子堅太郎の助力を得て、伊藤の別荘のある神奈川県夏島で作成したのが「夏島草案」である。この「夏島草案」に対して、井上とロエスレルが逐条にわたって意見を加え、その両者の意見書を参照しながら、伊藤、井上、伊東、金子の四人が協議し、夏島草案を修正して作成されたのが、明治憲法の原型とされる「一〇月草案」である。それにいくつか修正が施されて明治二一(一八八八)年の「二月草案」となり、さらに推敲されて「浄写三月案」となる。そして、なおも検討されて六月の「御《ご》諮詢《しじゅん》案」となり、枢密院での審議と修正を経て、明治二二(一八八九)年二月に公布されるのである。

この過程で重要なのは、井上の憲法に対する考え方が、ロエスレル草案と対峙するなかで明確になっていったことである。君主権力を重視するロエスレル草案の影響を強く受けた夏島草案に対して、井上が猛反発してまとめた「逐条意見」には、そうした井上の憲法観が凝縮した形で表現されている。

井上の夏島草案批判に進む前に、明治二〇年八月一四日に記された「乙案試草会計意見」に触れておきたい。これは、井上が甲案・乙案を提出した後、ロエスレル草案に接し、その会計規定に関する疑問点をロエスレルとモッセ（Albert Mosse, 1846–1925）に六月から何回か質問して、自らの乙案と比較検討した結果を記したものである。

井上は、再検討の結果、結局のところ、予算に関する政府と議会との関係については、次の四つの選択肢があることを提示する。

「一　政府と議院との間に予算の議合わざるときは君主の裁決に任す〔ビスマルクの専制主義〕

二　予算は専ら下院の議を以て最上権とし議院の議定を経ざれば租税を徴収すること及経費を支出することを得ず

三　議院は法律上の必要の費用を拒むことを得ず　議院に於て法律上の費用を拒むときは憲法に違反する者とす〔独乙《ドイツ》各小邦の憲法の精神〕

四　議院に於て必要の費用を拒むときは之を再議に付し、仍《なお》固執して予算成議に至らざるときは、政府前年の予算を施行す〔索遜《ザクセン》〕」

このように提示した上で、ロエスレル草案は第一と第三の主義を採用するが、井上は対照的に、第二ないしは第四の選択肢を採用する以外に立憲政体を安定させる方策はないと結論づけた。「小生は専読書生の思想より第二第四の其の一を取るの外《ほか》、第一と第三とも紛議騒乱の種子を蒔《ま》くものなりと信ず」。そして井上は、このような議会の権限を尊重する観点から、夏島草案を批判の俎上にのせていくのである。

なお、予め付言しておけば、ロエスレルは一貫して君主の役割を重視し、行政権の強い政府をつくる観点から提言を続けた。しかしそれは、必ずしもロエスレルが立憲主義を理解しない反動的な専制君主論者だったからではなく、「社会的君主制」と呼ばれるような、議会ではなく、王権を通じた福祉の実現というよりドイツ的な構想を抱いていたからである。(9)

さて、井上が、夏島草案を、とりわけ議会の予算審議権と深くかかわる財政(会計)に関する諸規定を強く批判したことはよく知られている。(10)一例を挙げれば、夏島草案第八五条は、議会の予算審議権を制限しようとするロエスレル草案から示唆を得て、予算不成立の場合、勅裁《ちょくさい》を要件として政府による原案執行を許すもので、次のように規定していた。「帝国議会ノ一院ニ於テ予算ヲ議決セス又ハ予算ニ関シ政府ト帝国議会ノ一院ト ノ間ニ協議整ハサルトキハ少クモ一院ノ承認ヲ得ルニ於テ勅裁ヲ経之ヲ施行ス若シ両院共ニ予算ヲ議決セス又ハ予算ニ関シ協議整ハサルトキハ勅裁ヲ経内閣ノ責任ヲ以テ之ヲ施行ス」。

井上は、この条文を激しく非難して、次のように批判した。要するに、この条文の趣旨は、政府と議会とが予算に関して協議が整わない場合、政府が予算を断行するというにすぎない。果たしてそうなら、予算など始めから議会に付せず、また始めより議会など設けず、また始めより憲法など定めないにしくはない。一体、「今我が国に於て又此《かく》の如き立憲の主義に背ける専制の旧態を愛惜せんとならば、何を苦しんで立憲政体を設けらる乎《か》」、と。

もちろん、井上も、政府の一員として、行政の円滑な遂行を望んでいた。議会の存在を前提にした上で、行政の活動をいかに保障するかという問題は、片時も井上の念頭を離れないものであった。だがそうであっても、井上は、甲案・乙案が予算不成立の場合にも単に前年度予算執行主義のみを掲げたように、公然と行政権の優位は規定せず、立憲主義としてより疑義の少ない方法のみを採用しようとしたのである。

さらに、井上とロエスレルとの考え方の相違は、君主の勅令制定権に関する問題でも顕在化した。夏島草案には、第九条に「天皇ハ国家危急ノ場合及公共ノ危難ヲ避クル為《た》メ内閣ノ責任ヲ以テ法律ノ効力ヲ有スル勅令ヲ発ス」、第一〇条に「天皇ハ国家ノ安寧秩序ヲ維持スルニ必要ナル勅令ヲ発シ之ヲ励行スル為メ罰則ヲ付シ及強制処分ヲ施ス」という規定があった。

この二条は、井上にとっては、勅令を制定する行政権の制約を明らかにする点に意義があった。すなわち近年の憲法理論によれば、ブルンチュリが説くように「法律の区域を広め(即ち議院権を広め)立法権の及ぶ限《かぎり》は君主の命令権を制限」することが一般的である。しかし時には例外を必要とする場合もあり、第九条は危急の際の、第一〇条は秩序を維持する際の、例外を規定したものである。それゆえ、第九条に関しては、一般原則との整合性を図るために、次の議会で承認を経るという一句を追加する必要があり、第一〇条に関しては、このままの規定では勅令と法律の区別がつかないので、「但シ勅令ハ法律ヲ変更スルノ効力ヲ有セス」という一句を付け加えて、法律優位の関係を明示すべきであるとしたのである。

だが、ロエスレルにとっては、この二条はまさに勅令を制定する君主の特権を規定したものであった。しかもロエスレルによれば、第一〇条の規定は、勅令の目的を秩序維持の警察勅令に限定しすぎており、もっと積極的に拡大すべきものであった。すなわち、法律および議会の権限に抵触しない範囲で、天皇は国内に善政を施し国家の繁栄を推進するに必要な、より多様な勅令を制定できるように、条文を「国家ノ安寧幸福ヲ維持シ及ヒ施治其宜《そのよろしき》ヲ得ル為ニ」と変更することを提案したのである。

それでは、夏島草案をめぐる井上とロエスレルのこうした憲法観の相克は、その後の起草作業にいかなる影響を与えたのだろうか。結論を先取りすれば、それは曲折を経ながらも、全般的には、井上の批判を受け入れ、井上の主張した方向へと修正されたのである。一〇月草案において、井上が口を極めて非難した、予算不成立の場合の天皇の最終的裁決権が放棄され、井上が主張した前年度予算執行主義が採用されたことは、その象徴である。そして井上の影響の下に成立した一〇月草案を基礎として、明治二一(一八八八)年一月から二月にかけて、『憲法義解』の原案となる憲法全般にわたる「説明」も、井上の手によって執筆された。当然ではあるが、「説明」は「逐条意見」と同様の観点から執筆されたのである。

しかしそれは、伊藤を始めとする憲法起草者たち全員が、井上の方針を全面的に受け入れたことを意味しなかった。行政権と立法権との関係をいかに規定すれば、立憲政治の最良の結果を得られるかという難問は、井上が「乙案試草会計意見」の最後に「此事は専《もっぱら》大政の関係なるに依り、一に当局の取捨選択に在て学理論の区域の外と思惟《しい》す」と付け加えたように、すべてを理論の問題には還元できず、政治の問題にも深くかかわるものだったからである。それゆえ、起草者たちの間にも時期によってあるいは分野によって考えの幅や揺れがあり、その最適解を求めてなおも模索が続けられていくのである。

その具体例の一つに、二月草案に突如として登場した、「憲法上ノ権利」に基づく支出を容認する第六九条がある。従来から法律上の義務を履行するに必要な支出を、議会の予算審議権の外におく規定はあったが、これに「憲法上ノ権利ニ基キ」の一句が付け加えられたのは、この時が初めてだった。この第六九条が、議会の審議権が及ばない、行政権における支出の裁量拡大を意図したものであることは、ロエスレルが強靱にして独立した君主政府を維持する唯一の方法であると絶賛したことからも明らかだった。

ところが、この二月草案第六九条は、浄写三月案において、井上の反論によって行政権の裁量拡大に歯止めがかけられる。その結果、第六七条(二月草案時の第六九条)は次のような複雑な条文となった。「憲法上ノ権利ニ基ツケル歳出及法律ノ効果ニ由リ又ハ帝国議会ノ議決ニ由リ生シタル政府ノ義務ヲ履行スルニ必要ナル歳出ハ之ヲ予算ニ掲クルモ帝国議会ハ政府ノ承諾ヲ経ズシテ既定ノ額ヲ廃除シ又ハ削減スルコトヲ得ス」。「政府ノ承諾」という条件付きながら議会の関与を認め、しかも「既定ノ額ヲ」という枠が嵌《は》められることによって、第六七条は、一転して従来の行政を単に継続するだけの条文へと変化したのである。

しかし第六七条は、四月の段階でさらに伊東が巻き返し、この支出が天皇大権に基づくものであることを明確にするため「憲法上ノ権利」という語句を変更し、「天皇ノ憲法上ノ大権ニ基ケル歳出」と修正した。その結果、諮詢案では、以下のような条文となったのである。「天皇ノ憲法上ノ大権ニ基ケル歳出及法律ノ結果ニ由リ又ハ帝国議会ノ議決ニ由リ生シタル政府ノ義務ヲ履行スルニ必要ナル歳出ハ之ヲ予算ニ掲クルモ帝国議会ハ政府ノ承諾ヲ経スシテ既定ノ額ヲ廃除シ又ハ削減スルコトヲ得ス」。

また、君主の勅令制定権に関しても、井上の意向とは異なる修正が行われた。夏島草案第一〇条は、ロエスレルの意見に従い、一〇月草案では第九条として、天皇の勅令制定権の条文であることを明瞭にし、制定範囲も拡大するため、次のように文言が変更されたのである。「天皇ハ国家ノ安寧臣民ノ幸福ヲ維持スルニ必要ナル勅令ヲ発ス　但勅令ヲ以テ法律ヲ変更スルコトヲ得ス」。この条文は、さらに二月草案で、「勅令」が「命令」に変更され、第九条「天皇ハ法律ヲ施行スル為ニ又ハ国家ノ安寧ヲ維持シ臣民ノ幸福ヲ増進スル為ニ必要ナル命令ヲ発シ又ハ発セシム　但命令ヲ以テ法律ヲ変更スルコトヲ得ス」と命令制定権の条文となり、以後、枢密院審議を経て、表現の微修正のみで、憲法正文第九条となるのである。

こうした経緯に井上には釈然としないところが残った。井上は、勅令の制定の目的が秩序維持に留まらないことは理解していた。ただし、この修正では制定範囲が広すぎるのではないかと疑い、一二月、ロエスレルにこの点を質問した。ロエスレルの答えは、君主の勅令制定権は天皇が「一切ノ国権ヲ総攬」する憲法の主義から当然に派生するものので、議会による制限がない限り自由に行使できるというものであった。しかし井上は、二月草案で「勅令」が「命令」に変更された後も、十分納得せず、諮詢案の「説明」では、あえて第九条を天皇の命令制定権を規定したものとは正面から説明せず、あくまで「本条は法律と命令との区別を示す者なり」と規定し、法律が命令に対し優位の効力をもつという解説を付けたのであった。

枢密院会議

このように緊張を潜在させながらも、明治二一(一八八八)年四月の段階で、基本的には、議会の権限を尊重した井上の意見に基づく憲法草案が確定した。そして新設された枢密院に、六月、井上が執筆した「説明」とともに諮詢案として提出されたのである。(11)

枢密院の審議において注目すべきは、審議に先だってロエスレルの「憲法草案意見概要」が枢密顧問官に配布されたことである。これは、枢密院副議長だった寺島宗則《むねのり》が諮詢案に対する審議の参考資料としてロエスレルに依頼して作成したものであった。ロエスレルの意見書は、行政権の重視という従来からの持論を展開したもので、例えば、命令制定権に関する第九条について、必要の場合一時的に勅令を以て法律を変更することもありうるので「但シ命令ヲ以テ法律ヲ変更スルコトヲ得ス」という一句を削除することを進言していた。また、第六七条については、日本では主権は天皇に属し、帝国議会は一定の事項について主権の行使を制限するにすぎないので、議会は現行の法律および既得権を重んじなければならず、とりわけ「天皇の憲法上の権利」を尊重する義務を有している、それゆえ主権の行使が正当なものである限り、金額を除いて、議会は歳出を審議できないと解説したのであった。

このロエスレルの意見書は、井上が不安を感じて「ロスレル氏之《の》意見書は大に勢力をなし候様子」と述べたように、当初、顧問官たちの間にかなりの影響力をもち、この意見書に基づいて憲法全文を検討するための委員会を設置する提案まであった。しかし伊藤は、ロエスレルの意見書はあくまで参考資料にすぎず、各条審議の際に参照すれば足りると提案を退け、また井上のみならず本来はロエスレルに近い立場の伊東巳代治も、この時は顧問官たちに対して一、二を除いて「逐条不同意の理由」を述べて、反響の拡大を阻止した。その結果、ロエスレルの意見書の影響力は、辛うじて一定の範囲に抑え込まれたのである。

本会議が始まると、様々の議論が交わされた。立法権に関する議会の「承認」という文言をめぐって大論争が巻き起こったり、臣民の権利義務に対して「臣民の分際《ぶんざい》」に変更すべきであるという意見が強硬に主張されたりした。さらに第六八条(旧第六七条、審議中に一条追加)については、「既定ノ額ヲ」という文言の意味について執拗な質問が発せられ、さらには削除すべきという動議も出されるなど、原案は厳しい試練に晒《さら》された。しかし議会の権限や臣民の権利義務については伊藤が、「抑《そもそも》憲法を創設するの精神は、第一君権を制限し、第二臣民の権利を保護するにあり」という立場から原案の弁護に努め、また第六八条については、議論が錯綜したが、結局、採決の結果、小差で原案が可決されるという経緯をたどった。

第一審終了後、大議論となった第六八条については、伊藤に迷うところもあり、改めて検討が加えられた。しかし井上は、天皇大権による支出を議会が拒めないという議論は、ドイツの小邦以外では例をみない、ロエスレルの発明した「奇説」であり、つまるところ支出については議会に全く審議権を与えないことと同義となる。それゆえ「既定ノ額ヲ」の五文字は必要不可欠で、これによって初めて支出についても新規のものは議会に審議権を与える意義が明らかになると原案を擁護し、伊藤の動揺を抑えたのであった。

なお、再審に向けた修正によって、第六七条(旧第六八条、検討中に一条削除)は「天皇ノ憲法上ノ大権ニ基ツケル歳出」が「憲法上ノ大権ニ基ツケル既定ノ歳出」に変更され、憲法正文は以下のような条文となった。「憲法上ノ大権ニ基ツケル既定ノ歳出及法律ノ結果ニ由リ又ハ法律上政府ノ義務ニ属スル歳出ハ政府ノ同意ナクシテ帝国議会之ヲ廃除シ又ハ削減スルコトヲ得ス」。

枢密院会議は、翌明治二二(一八八九)年一月にも再審会議と第三審会議が開かれた。議会の「承認」が「協賛」に変わったり、議会の上奏権が復活するなど、第一審会議の議論を踏まえた小規模な修正はあったものの、ロエスレルの意見に基づく大きな修正はなく、全体として原案の骨子は維持されたのだった。

『憲法義解』の公表問題

以上の経緯をもって、憲法の条文は確定した。枢密院の審議において、伊藤と井上および伊東の三者が諮詢案通過のため一致団結して努力した結果であった。

しかし、これで憲法制定のすべてが終わったわけではない。というのも、憲法典とは、結局のところ、異なる憲法観をもつ、憲法起草者間および憲法起草者と政府関係者(諸機関)との間のギリギリの妥協の産物であり、本来的に多義性を孕んでいたからである。それゆえ、条文の文言は確定しても、実は、それが政治的に何を意味するか明確でない条文もあり、また競合する条文間の関係についても未確定の領域は残されていた。そしてその解釈の確定にあたって、潜在していた憲法起草者間の緊張が再び浮上してくるのである。

こうした憲法起草者間の緊張、とりわけ井上と、伊藤および伊東との間の緊張が浮上するのは、諮詢案の通過のめどがたった明治二二(一八八九)年一月頃、のちに『憲法義解』となる「説明」の公表問題を通してであった。当時伊藤らは、枢密院再審および三審に備えて、条文の推敲に余念がなかったが、井上は並行して明治二一年秋から「説明」の修正にも取り組んでいた。当初、条文の「説明」は、本文とは別に委員の報告として官報に公表される予定であった。井上は枢密院の議論を踏まえて修正を行い、明治二二年一月初旬にその一部を伊藤に提出した。修正された井上の「説明」は、「義解稿本」と呼ばれている。

井上の「説明」の特徴は、条文の背後にある日本の政治的伝統の独自性を強調する点と、条文の立憲的意義を西欧の学説や欧米の事例を援用しながら解説するところにあった。

日本の政治的伝統の独自性に関して、井上は、例えば、第二〇条の兵役の義務について、次のように説明した。日本臣民はともに国家の生存独立および栄光を擁護する存在であり、上古以来、事あるたびに一身の利害を犠牲にしてその栄誉を担ってきた。「国民忠義の精神は栄誉の感情と倶《とも》に人々祖先以来の遺伝に根因《こんいん》し、心肝に浸漸《しんぜん》して脳髄に貫徹」している。兵役の義務は、その「無形の徳義」を条文化したものである、と。あるいは、第二一条の納税の義務についても、井上は租税の由来を「祖《そ》宗《そう》既に統治の義を以て国」を治める、すなわち「シラス」の支配に必要な当然の公費の分担を求めたもので、強制的な献金とか、あるいは権利や利益の保護のために前もって支払う、承諾に起因する「報酬」のようなものではないと説明したのであった。

　また、立憲的意義については、例えば、第九条に関して次のように説明した。前述のように、井上は、この条文の意義を法律と命令との区別に求めていた。両者は臣民の遵守義務においては差がないが、プロイセン国法学の父とされる「リヨネン氏」によれば、命令を用いて「身体財産の権利を制限」することはできず、また著名なドイツの国法学者である「グナイスト氏」によれば、法律は命令を変更することはできるが、命令は法律を変更することはできないと述べ、さらに、もし両者が矛盾するときは、法律は常に命令の上位の効力をもつとし、これを「憲法に於て法律を敬重するの義を証明する」ものであると、法律の重要性と優位性を強調したのである。

また第六七条については、憲法上の大権に基づく歳出に関して、国家の存立と行政の継続のため不可欠の措置であると強調しながら、第六四条に定める議会の予算審議権にも配慮して、「憲法上の大権に基づくに拘らず新置及増置の歳出は仍《なお》議会に於て論議の自由を有するなり」と新規の歳出には議会の審議権が及ぶとした。さらに予算審議権の例外となる「固定資金」の在り方について、英国を始めとする欧州各国の事例やフランスの著名な財政学者である「ボーリウ氏」など多くの学説を検討した上で、この条文が行政の濫用の根拠とならないように、「元首行政の大権と議会予算の承諾とは両《ふた》つながら其の範域の内に存し並《ならびおこな》行れて相悖《あいもと》らず、国家の運動は此の両項要素の並行に依て始めて禍患《かかん》を免れて健全を保つことを得べきなり」と、行政権と予算審議権との調和の重要さを指摘して説明を締めくくったのであった。

しかし伊藤は、この「義解稿本」に満足せず、そのままの形で公表することに否定的であった。伊藤の不満のひとつは、「義解稿本」が条文の法律学的な注釈書というより、井上の個人的な意見書という色彩が強いことにあった。例えば、伊藤は、第二〇条に関して「条章の説明と謂《いわ》んより寧《むし》ろ筆者の精神なりと云も可なり」と批判しているが、とりわけ、「シラス」論を背景とした日本の政治的伝統に対する倫理的色彩の濃い説明や、井上の思い入れの深い臣民の権利の説明部分でそれは顕著であった。伊藤は、裁判を受ける権利を規定した第二四条の説明についても「臣民の権利を説明するに慷慨《こうがい》の文意を示すは、恰《あたか》も仏人の面前にてマルセリー[マルセイエーズ—筆者注]を唱え立《たちど》ろにビーブレベチー[自由万歳—筆者注]と応ぜしむるの感あり」と強い違和感を表明した。これは、井上がこの条文を、明治初年渡仏して司法調査に従事した際の感慨を吐露するかのように、臣民が裁判を受ける権利について「臣民は其の孤弱貧賤に拘らず勢家権門と曲直を訟廷に争うことを得べし」とその画期性を強調し、「哀籲《あいやく》の声を牢柵の内に閉鎖することを容《い》れざるなり」と社会的弱者の救済の意義を高唱したことに向けられたものであった。

これに対して伊東は、「義解稿本」の公表そのものに強硬に反対した。伊東は、「義解稿本」を公表すれば、政府の公的な注釈書として憲法正文と同等の重みをもつものと受け取られ、条文の意味を制約して状況の変化に対応しにくくなるばかりか、かえって政府攻撃の材料を提供することになると批判した。もっとも、伊東の反対には、それだけでなく、議会の権限を尊重する井上の「義解稿本」自体に抜きがたい異論があったのである。実は、ロエスレルも、おそらく伊藤か伊東の依頼によってであろう、明治二一

（一八八八）年夏から憲法の注釈書を作成中であった。ロエスレルの注釈書は、当然のごとく行政権重視の立場から条文を法律学的に解説したものだった。伊東は、英語で書かれたそれを自ら翻訳しながら強く共感していたのである。ちなみに伊東は、ロエスレルの注釈書を基に改訂を続け、後年『大日本帝国憲法衍義《えんぎ》』というもうひとつの『憲法義解』をまとめている[12]。

　井上は、批判を受け止めつつも、憲法が民間で曲解されることを恐れて、なおも井上の私著としてこの「積年辛苦之説明」を公刊したいと申し出た。しかし伊藤は、それに許可を与えず、急遽、「説明」を検討する共同審査会を開いた。共同審査会は、伊藤を議長に、井上と伊東、それに穂積陳重《ほづみのぶしげ》など法科大学教授や大蔵省の阪谷芳郎《さかたによしろう》らをメンバーに加えて（井上は、ドイツ帰りの穂積八《や》束《つか》の参加を拒否した）、明治二二（一八八九）年二月中旬から検討を開始した。印刷された「義解稿本」を精査し、阪谷が回想するように「大議論」の末に、共同審査会は、三月初め『憲法義解』を完成させたのである。

伊東巳代治

共同審査会による改訂は、実質的には、井上色を希薄化する作業であった。当初豊富に引用されていた欧米の参考文献、および井上の個人的な見解に基づく情緒的な表現の多くが抹消された。また、各国の憲法事例を参照した詳細な解説も削除されて簡略化された。しかも、そうした井上色を払拭する作業は、表現上の問題にとどまらず、条文の意味そのものも対象とした。例えば、第九条は、前述のように、井上はあくまで命令と法律との区別を規定した条文と捉えていたが、改訂によって「本条は行政命令の大権を掲ぐるなり」と改めて命令制定権の条文として規定し直された。条文の意義は正反対のものとなり、説明の上でも行政命令の効用と重要さを強調するものに変わった。また第六七条においても、六〇行ほどあった詳細な解説は半分に切り詰められ、井上が注意を喚起した行政権と議会の予算審議権との兼ね合いや行政の濫用を懸念する記述は全面的に削除されて、憲法上の大権に基づく歳出の具体例と必要性を説明するものとなったのである。

しかし井上が黙っていたわけではない。「大議論」という阪谷の回想は、井上がそうした変更に強く抵抗したことを示唆している。その結果、例えば、第九条の説明は大きく変更されたものの、法律の優越性を規定した文言、すなわち「ただし、法律は以て命令を変更することを得べく、命令は以て法律を変更することを得ず。もし両々相矛盾するの事あるに至れば、法律は常に命令の上に効力を有すべきなり」という文言は残った（本書三六頁参照）。また第六七条の説明も大幅に簡略化されたが、新規の歳出に対する議会の審議権を保障した「ただし、既定の歳出と謂《い》ふときは、その憲法上の大権に基づくにかかはらず、新置および増置の歳出はなほ議会に於て論議の自由を有するなり」という但書は削除されなかったのである（本書一三六頁参照）。

こうした争論と妥協の末に改訂された『憲法義解』は、全体からみれば、完全に井上色を払拭したものとはならなかった。井上色を希薄化する多くの削除や修正があったとはいえ、短期間の検討では、「義解稿本」の削除や簡略化は可能でも、記述を全面的に書き換えることは不可能であったからである。時間的制約は、井上に有利に働き、削除と簡略化によってその真意は摑みにくくなったものの、井上の見解は、第九条など一部を除いて、基調として残った。そのため伊東は最後まで公表に反対であったが、最終的に伊藤の裁断で、伊藤の私著として出版することに決定し、明治二二（一八八九）年四月『大日本帝国憲法義解』として公刊されたのである。なお、「義解」という名称は、養老《ようろう》令《りょう》の公的な注釈書である『令 義解《りょうのぎげ》』に由来する。

三　憲法の解釈をめぐって――「井上の憲法」から「伊東の憲法」へ

第六七条問題

明治二二(一八八九)年二月一一日、明治憲法は公布された。次の段階として、翌明治二三年一一月の憲法施行と議会開設とを見据えて、条文の意味の確定、および憲法と各種法令との関係を調整する作業が急がれることになった。井上は、明治二二年五月、兼職していた枢密院書記官長を退き、本官だった法制局長官としてその作業に取り組むことになった。ところが、そうした作業の過程で、再び、井上と伊東との間の憲法観の相違が表面化することになったのである。

最初に大きな問題となったのは、第六七条であった。明治二二年一二月二四日、条約改正に失敗して崩壊した黒田清隆内閣の後、短期間の三条実美《さねとみ》内閣を挟んで、山県有朋内閣が成立した。その山県内閣に対して、明治二二年冬、井上は「第一議会施策意見」を提出し、第六七条に関して、憲法はただその原則を掲げたにすぎないので、このまま放置すれば政府と議会との間に紛議を醸《かも》すのは必然として、第六七条の「既定の歳出」

が具体的に何を意味するのかを確定する法律を制定するよう進言したのである。この時、とくに問題となっていたのは、庁費(官庁運営費の内、人件費と旅費を除いたもの)の扱いである。(13)

山県内閣は、この提言を受け入れ、明治二三(一八九〇)年二月、法制局が作成した法案を枢密院に諮詢した。ところが枢密院は「此《こ》の位の事は内閣のポリチックにて実際に籠絡《ろうらく》」すべきと、法律の制定に反対した。注目すべきは、反対の急先鋒が、明治二二年五月、井上に代わって、枢密院書記官長に就任していた伊東だったことである。伊東は、行政権を重視する立場から「一たび法律を以て憲法の意義を左右するを得ることを是認するときは、議会は何時にても憲法の或る条に関し法案を提起して憲法の意義を左右せん」と述べて、第六七条施行法の制定が、議会の議定する法律によって憲法正文の意義が決定される契機になると反発したのである。

こうした枢密院の反対を受けて、明治二三年四月、内閣書記官室は、井上の制定理由書をつけて、改めて第六七条施行法案を閣議に提出した。井上は、次のように反論する。この法律案は「憲法を制限するの嫌あり」との批判もあるが、憲法の条文は概して原則を掲げただけで「用語簡短」なのが通常なので、これを実施する場合、別途法律を制定することは欧州でも普通に行われている。それは、まさに憲法の精神を実施するためのものであり、決して憲法の解釈によってその意義を「狭限」しようとするものではない。また、第六七条は解釈次第では「行政府の為に権力の濫弊を導くの嫌」もある。というのも「憲法上の大権」の解釈を広くとれば、天皇は大権を総攬するがゆえに予算上のすべての費目が憲法上の大権に基づくものと解釈することも可能であり、そうなれば議会の予算審議権は極度に制限されてしまうことになる。これは決して憲法の精神ではない。また議会との紛議を回避するためにも、解釈は狭義をとり、第六七条の費目は予め明確にしておくことが必要であると主張したのである。

しかし閣議では、大山巌《いわお》陸相が陸軍の実態から狭義の解釈よりも広義の解釈が必要であると主張し、また青木周蔵が率いる外務省も、一旦法律を制定すれば改正も法律であることが必要となり、その結果「既定の歳出が何かを定める全権を帝国議会に付与」することになると反論した。こうした閣内の議論を踏まえて、六月六日、政府は、法律案を枢密院に諮詢した。閣議決定した法律案では、閣内の反対に配慮して、問題となっていた庁費、修繕費、賞与、諸手当はすべて既定の大権費目として掲げている。

枢密院では、伊東が依然として反対の態度を堅持して待ち構えていた。伊東は「何分《なにぶん》憲法に代り候様之《そうろうようの》法律を出し候事《そうろうこと》に相成候《あいなりそうろう》へは、取も直さす憲法之六十七条は無用の如く相成、憲法全体に一大瑕瑾《かきん》を与へ候」と述べ、法律の代わりに会計法補則で対応するべきだと主張した。そして伊東は答申直前の六月二九日、枢密顧問官の野村靖に対して、会計法補則という方策は「実に練りに練りたるもの」であり、「若《も》し今日に至り憲法に大瑕瑾を付するか如き法律を設けんと企候《くわだてそうら》はは、小生は之か為に打死 仕 候《つかまつりそうろう》 覚悟に御座候《ござそうろう》」と決意を打ち明け、野村の支援と伊藤への口添えを依頼したのであった。

　こうした伊東の活動の結果、枢密院の審査報告書は、第六七条施行法案を会計法補則として再編するものとなった。七月一日、伊東は、大木喬任《たかとう》枢密院議長に、内閣もこの方針転換に賛成であることを伝えながら、満足そうに「井上氏におゐても敬服と迄は参らすとも屈服位迄は落城いたし候」と書き送っている。その後、会計法補則は、枢密院において審議が続けられ、七月一七日に終了し、翌日内閣に通牒された。内閣では、その原案を無修正で承認し、八月四日「会計法補則」として公布した。会計法補則の規程には、既定大権費目として、旅費と賞与は除かれたが、庁費と経常修繕費は含まれている。

　この問題の根底には、憲法第六四条と第六七条との関係、すなわち「議会の予算審議権」と「憲法上ノ大権ニ基ツケル既定ノ歳出」との関係をどのように考えるかという憲法観の相違が存在した。

議会の権限を尊重する井上は、第六四条と第六七条は「両々調和して相悖戻《あいはいれい》」せざることが肝要であり、そのために「第六七条の範囲を明画《めいかく》にして以て六十四条の根源の主義を妨害せさ」ることが、立憲政治の安定的な運営にとって不可欠だと考えた。つまり、第六七条施行法案は、こうした第六四条と第六七条の緊張関係を踏まえて、第六四条の予算審議権を損なわないように腐心しつつ、第六七条で行政の安定性と連続性を保障しようとしたものであった。

しかし行政権を重視する伊東にとって、第六七条は、可能なかぎり議会の制約から離れて、活発な行政の継続性と自律性を支える条文でなければならなかった。伊東は、井上に反論して、憲法の条文に実質的に代替する法律を制定することは、正文を空洞化し、憲法の安定性・無謬性を損なうと主張した。だが、その大仰な表現にもかかわらず、この主張は、実は援軍を求めたロエスレル自身から下位法は上位法の立法趣旨を逸脱し得ないという法理の誤解を指摘されており、伊東自身その議論の有効性をどこまで信じていたか疑わしい。しかし伊東は、「此事に付ては何処迄《どこまで》も井上氏之反対に立、国家之為に微忠《びちゅう》を抽候《ひきそうろう》心得《こころえ》」と述べたように、井上と妥協する気持ちは全くなかった。そして、議会の制約を嫌い行政の裁量を広くとりたい閣僚と枢密顧問官たちの間を巧みに周旋して、政治的に井上の議論を否定していったのである。

命令の罰則問題

井上と伊東との対立は、第六七条問題にとどまらなかった。ほぼ同時期、争点となったものに、命令の罰則問題があった。すなわち第九条に関連して、命令に独自に罰則を附与することが可能かどうかが争われたのである(14)。

ことは、夏島草案に遡る。勅令制定権を規定した夏島草案第一〇条は「罰則ヲ付シ及強制処分ヲ施ス」と、勅令によって独自の罰則を附与することが可能な規定となっていた。他方で、第五六条は「日本臣民タル者ハ法律ニ依ルニアラサレハ糾治ヲ受ケ又刑罰ヲ科セラル、コトナシ」と定め、両条の関係が問題となったのである。

一〇月草案では、一旦罰則に関する文言は姿を消すが、検討自体は続けられていた。この問題について、井上は、命令は法律による是認を得てはじめて罰則を設定しようるという立場をとった。この観点から、明治二一年一一月、ロエスレルに対して「憲法の主義と実際の行政処分とは矛盾に非ざることなき乎《か》」と質問した。これに対して、ロエスレルは、井上とは異なり、命令が独自に罰則を附与することは可能であり、また必要でもあるという立場だった。元来、司法上の刑罰と行政処分とは区別されるものであり、命令に独自の強制方法を附与しなければ、行政が実現しようとする法律上の目的を達成できず、また国家の威権を保つことも不可能であるとして「何ぞ憲法の主義に矛盾するの理あらんや」と答えたのであった。

しかし井上は、十分に納得できなかった。強制処分が必要な場合があることを認めながらも、命令に独自の罰則権を附与することによって、立憲主義の根幹である「人身の自由」が損なわれることを恐れたのである。それゆえ井上は、憲法第二三条「日本臣民ハ法律ニ依ルニ非スシテ逮捕監禁審問処罰ヲ受クルコトナシ」を解説する際に、第二三条が警察の処分にも適用されることを明確にするため、「人身の自由」は警察の処分と密接に関連するが、「各人の自由を尊重してその界限《かいげん》を峻厳《しゅんげん》にし、威権《いけん》の蹂躙《じゅうりん》する所たらしめざるは、立憲の制に於てもっとも至重《しちょう》の要件とする所なり」と立憲主義上の意義を強調したのである。そして、この説明は、共同審査会でも維持され、『憲法義解』にも書き込まれた(本書六〇頁参照)。

憲法が公布されると、この問題は、形をかえて憲法第二三条と各省官制通則第七条との関係をめぐって争われた。各省官制通則第七条は省令に二五円以下の罰金または二五日以下の禁錮の罰則を附与することを許しており、これが憲法第二三条に抵触するのではないかと問題視されたのである。明治二二年二月に官制調査委員長に就任した井上は、当然に「憲法の精神」に従って官制通則を改正するべきだと考えた。だが、ロエスレルもモッセも、憲法第九条は天皇に臣民の権利義務に関する命令を発する権利を承認しており、憲法とは抵触しないという意見であった。

井上は、検討を重ねた結果、第二三条の存在と行政上の必要を念頭におけば、やはり命令の罰則は法律の委任によるものとするのが、この矛盾を解消する最も穏当な手段であると考えた。そのため、七月、法制局長官の名で「省令庁令府県令に罰則を付するの件」を提出し、法律によって行政上の罰則の範囲を明示する各省官制通則の改正を提案した。この方法によって「法律委任の主義」を確立すると同時に「憲法の正文と行政上の便宜」とを「調停」しようとしたのである。しかし、明治二二年中は、条約改正問題の紛糾もあり、この問題はこれ以上進展しなかった。

事態が緊迫するのは、明治二三年初夏である。六月、法制局は改めて「省令に関する罰則の件」を閣議に提出した。閣議はその原案を修正して、省令のみならず勅令も含めて「勅令省令に関する罰則の件」とし、これを枢密院に諮詢した。ここから枢密院という場で、井上と伊東との対立が先鋭化するのである。

伊東は、かねて井上の立場に反対であった。ロエスレルに師事する伊東は、井上が議会の議定する法律を命令の上位に置くことや罰則を附与するのに「法律委任主義」にこだわることに苛立っていた。だが憲法第二三条を念頭におけば、「法律委任主義」を全面的には否定できなかった。そこで伊東は、「法律委任主義」を逆手にとって、命令に罰則を附与する権限を包括的に委任する法律を制定しようとしたのである。

七月二三日、伊東は、枢密院書記官長として顧問官たちに審査報告案を配布した。伊東の主張の骨子は、天皇の命令制定権を規定した第九条に依拠し、省令以下の命令であってもすべて「直接に至尊《しそん》の大権に淵源」するものなので、まず命令に罰則を設ける「大則」を法律に定めて、その罰則の軽重は命令の自由裁量に委ねることが適当であるという点にあった。

井上は、直ちに反論の筆を執って八月一日「勅令に罰則を附するを一般に委任す可《べか》らさるの理由書」を枢密院議長に送った(五日顧問官に配布)。井上は、第二三条があるにもかかわらず、勅令に罰則を設けることを一般に委任する法律を制定することは「違憲の誹《そし》り」を免れないと批判した。だが伊東は、八月六日、追い打ちをかけるように、外務大臣青木周蔵の名で「命令の罰則に関する意見」を配布し、法律をもって勅令に罰則の附与を委任することは、一般に委任すると特別に委任するとにかかわらず、憲法に違反せず、また法理上も不穏当ではないと突き放した。

　八月八日、井上と伊東は、直接対決の場を迎えた。枢密院会議に顧問官として出席した井上は、この件は第二三条の文意が明確なのに、なにゆえ今、あえて第九条を論拠として、第二三条の明文に定めた処罰を命令に委任しようとするのかと詰問し、強く再考を促した。これに対して、伊東はすぐさま反論し、第二三条の「法律ニ依ルニ非スシテ」とは法律に依拠するところにあらずしてという意味であり、それゆえ勅令に罰則を附与するも法律に依拠する以上は、全く問題はないと突っぱねた。

　採決の結果、井上の動議に賛成したのは、一三人中わずか三人のみであった。翌八月九日、伊東は伊藤に対して次のように報告している。「命令罰則一条も昨日本会議に而《て》井上之反対説小生之駁説《ばくせつ》等に而《て》案外平穏、井上之説は一人も賛成者なく、竟《つい》に勅令、省令共に罰則を附するの法律は昨日三読会《さんどっかい》迄相済申候《あいすみもうしそうろう》」。そして、憫笑とともに、井上を「憲法起草之精神は疾《はや》く忘却致し候《そうろう》ものと相見《あいみ》へ」と評したのであった。

その後、枢密院では、罰則の範囲について司法大臣山田顕義の修正を経て、伊東の案が決定された。枢密院の決定は、八月九日、内閣へ通牒され、八月一一日、閣議で採択そして九月一八日、明治二三年法律第八四号として公布されたのである。条文は、以下の一条である。「命令ノ条項ニ違犯スル者ハ各其ノ命令ニ規定スル所ニ従ヒ二百円以内ノ罰金若ハ一年以下ノ禁錮ニ処ス」。

この問題の根幹には、憲法第九条と第二三条との関係、すなわち「執行命令」と「人身(身体)の自由」との関係を、いかに考えるかという命題が存在した。

井上にとって「人身の自由」は、憲法をして憲法たらしめる立憲主義の最重要の要件であり、第九条の命令制定権は決して「第廿三条の限内まで侵入」してはならなかった。しかし同時に井上は、行政目的を実現するために命令に罰則を附与する必要のある場合も認めていた。それゆえ、この両者の緊張を「調停」するために、議会の議定する法律によって命令に罰則権を委任する原則を確立し、かつ法律によって罰則の範囲を明確に制限するべきだと考えたのである。

これに対して、行政の自律性を重視する伊東にとって、第二三条ではなく第九条の

「命令制定権」こそがこの問題の中核であった。第九条を根拠として、議会の制約を離れて、命令の自律性を拡げることが、積極的な行政の展開にとって不可欠だと考慮した。もちろん伊東も、「人身の自由」を無視したわけではなく、命令の罰則に一定の制限を課すことは、必要だと認識していた。ただ、議会の不確実性を念頭におけば、議会の議定する法律に命令の罰則権を全面的に委ねることは、どうしても承認するわけにはいかなかったのである。

この問題を決着させた政治力学は、第六七条問題と同工異曲であった。伊東の推進した、命令に罰則の一般的な委任を行う法律の制定は、立憲主義に照らして疑義があり、第二三条または本来の「法律委任主義」からの逸脱として、政府内でも司法省や元老院など一部に反対があった。また実際、法律第八四号の公布後にも、在野ジャーナリズムのみならず学界および貴族院や衆議院でも批判の声が上がった。しかし、伊東は、議会を警戒する、枢密院および内閣周辺への周到な根回しと強弁を通じて、井上を孤立させ、政治的敗北へと追い込んでいったのである(15)。

諦めきれない井上は、法律第八四号が公布される直前の九月六日、共に憲法制定に尽力した伊藤に最後の助力を求めて、長文の「命令罰則意見」を書き送った。井上は、その中でこう述べている。「試《ためし》に思へ憲法は何の為に之を制する、議会は何の為に之を設くる乎、若人《もし》の身命自由に関する刑罰を包含する重大の条章にして、法律に依らず即ち議会の議を経ずして制定せらるゝことあらば、是《こ》れ議会は何の効用をも為さゞるへく、立憲の性質は従て事実上に一も存立すること無きに至るへし」。

しかし伊藤が、積極的に反応した形跡はない。伊藤は、すでに七月末の段階で伊東に賛意を与えていた。そして明治二三年一二月、伊東が批判から自説を擁護するために『法律命令論』を出版すると、伊藤は「法令並行不相悖《あいもとらず》均《ひとし》是《これ》主権之《の》作用」という題字を贈ったのであった。(16)

明治二三年の政治情勢

以上のように、不磨の大典だったはずの明治憲法は、明治二二(一八八九)年二月の憲法制定から明治二三(一八九〇)年一一月の憲法施行までのわずかの間に、その性格を大きく変貌させた。「井上の憲法」から「伊東の憲法」へと、すなわち「人身の自由」と議会の権限を尊重する憲法から、天皇大権と行政権の自律性を重視する憲法へと、政府内の憲法解釈の基調は大きく変遷していった。換言すれば、日本の立憲君主政は、君権を制限して国家権力の行使における議会の関与を重視する方向から、君主の国家権力の保持を強調して行政権を重視する方向へと比重を移動させていったのである。

では、なぜこのような変遷が生じたのであろうか。その原因は、藩閥政府の反立憲的な保守性に求めるべきであろうか。確かに、この変遷を促した重要な舞台回しの一人は、行政権を重視する伊東であった。伊東には、伊藤の寵愛を独占し、藩閥政府の幕僚の地位を井上から奪って政治的上昇を図ろうとする野心があった。そして、それが「井上の憲法」を排撃する原動力の一つとなったことは疑いない。しかし伊東は、明治二三年になって、突如として天皇大権主義者になったわけではない。また、立憲主義自体を否定していたわけでもない。すでに、明治二一年の段階で、伊東はロエスレルに多大な影響を受け、行政権を重視した憲法構想を抱いていた。そしてなにより、多くの点で修正を受け、緊張を内在させていたとはいえ、明治二二年二月の段階では、議会の権限を尊重する、井上が主導して作成した憲法草案を、藩閥政府は正式な憲法として承認したのである。

それゆえ、ここでは変遷の要因について別の角度から、すなわち政治情勢の変化から説明を試みたい(17)。非西欧世界で初めて本格的に立憲政治を導入するにあたって、行政権と立法権との関係、あるいは政府と議会との関係を、いかに調整すれば立憲政治の安定と成果を得られるかという問いは、当時の政界関係者の脳裏を離れない難問であった。そしてこの難問に対して、明治二二年前半の藩閥政府内には、政党に接近し、議会との間に協調的な関係を築くことで、対処しようとする姿勢が濃厚であった。また、この時期はそうした姿勢をもつ指導者たちが政治の主導権を握っていた。

確かに、黒田首相も、伊藤枢密院議長も、憲法発布の際、「政党の外に立ち」という超然主義演説を行った。しかし、その超然主義とは、特定の政党に依拠せず、不偏不党の立場を採用するという意味合いが強く、政党を排除する「狭義の超然主義」を意味するものではなかった。実際、黒田内閣は、改進党の事実上の指導者である大隈重信を副総理格で外相に据え、自治党の主宰者である井上馨も閣僚として名を連ね、その後大同団結運動の指導者後藤象二郎も入閣させた。また、結局、実現しなかったものの、旧自由党総理板垣退助や保守派の谷干城《たにたてき》にも入閣交渉を行い、とくに板垣からはかなりの好意的な反応を受けていた。このように当時の藩閥指導者たちは、各政党の代表者を全員入閣させることで不偏不党性を担保する、「広義の超然主義」と呼ばれるような挙国一致型の内閣をめざしていた。つまり、こうした藩閥政府の政党に対する宥和的な姿勢および大隈や板垣ら政党関係者の政府への協力的な態度こそが、「井上の憲法」を選択させた政治的背景だったのである。

しかし明治二二年夏以降の条約改正問題は、事態を一変させた。外国人裁判官や条約廃棄論を中心とする条約改正問題の紛糾は、あくまで改正を推進しようとする黒田・大隈と、それを阻止しようとする伊藤・井上馨・後藤らとの間を決定的に分裂させ、改進党以外の党派を政敵に追いやった。一〇月一一日、枢相伊藤は辞表を提出し（三〇日辞任）、黒田内閣は黒田・大隈連合に縮小して、挙国一致型の「広義の超然主義」は崩壊した。結局首相黒田は一〇月二五日に退陣し、大隈、井上馨も辞任した。そして政府与党を育成しようとした井上馨の自治党計画もすでに立ち消えとなっていた。すなわち、政党と提携し、立憲政治を安定させようとする構想は、条約改正の挫折とともに、その政治的基盤を失ったのである。

他方で、黒田内閣の崩壊と政党との断絶は、「狭義の超然主義」者や行政官庁の意向がより反映されやすい状況へと藩閥政府内の権力関係を変化させた。一二月に登場した山県内閣は、首相の山県自身、政党を排除した「狭義の超然主義」の支持者であった。そして事態打開に積極的に動けなかった伊藤が威信を低下させるなかで、山県内閣は、外務大臣青木周蔵、司法大臣山田顕義あるいは枢密顧問官野村靖など、プロイセン型立憲政体に親近感をもつ長州系の勢力が主流となった。彼らは、すでに明治二一年二月「野村靖意見書」を提出して、国会開設に備えて各省大臣の責任を重くする内閣制度改革を主張するなど、行政権の強化をめざしていた。

こうした権力関係の変化を背景に、明治二二年一二月二四日、山県内閣の成立直前、憲法第五五条の規定に沿う形で、各省大臣の権限を強化する内閣官制が公布された。さらに山県内閣成立後には、各省官制通則も黒田内閣時代の改正案が白紙に戻され、井上毅に代わって官制調査委員長となった周布公平《すふこうへい》の下で、明治二三年三月二七日、各省大臣の裁量権をより拡げる新たな改正官制通則が公布された(18)。こうした行政権や各省庁の自律性を拡大する流れの延長線上に、憲法第六七条問題も、命令の罰則問題も、議論されたのである。

しかも、「一介の武弁《ぶべん》」を自称する山県は、黒田内閣の強引な閣議運営が混乱に拍車をかけたことに鑑み、憲法問題は、内閣単独で裁断せず、枢密院に諮詢し、その答申を受けて決定するという手法をとった。それは、実質上、枢密院書記官長として枢密院の審議を取り仕切り、またこの頃確執の度合いを強めていた山県と伊藤との間の連絡役としても存在感を高めていた、伊東の判断に大きな裁量を与えることを意味していたのである。

つまり、「井上の憲法」から「伊東の憲法」への変遷は、こうした政治情勢の変化の帰結であった。条約改正問題の紛糾を契機として、政府の宥和的な姿勢と政党との提携の可能性が失われ、政党を排除して議会と正面から対抗しようとする気運が、第一議会の開幕を目前に控えて藩閥政府内で高まったことが、こうした変遷の要因だったのである。明治二一年夏、ロエスレル草案と対峙した際、井上は、いかなる憲法理論を採用するかは、結局、最終的には政治の問題だと記したが、まさに明治二二年から二三年にかけて、その言葉を裏書きする事態が生じたのである。

四　おわりに

しかし立憲政治とは、つまるところ合意に基づいて国政を運営していくことであり、憲法の制定は、合意に基づいて国政を運営していこうとする合意の成立を意味した。

そこでは、たとえ藩閥政府がいかに超然主義を望んだとしても、それは単なる一方的な願望の表明にすぎない。実際、第一議会が開幕すると、超然主義を掲げる藩閥政府と民力休養を主張する議会との間にすぐさま全面的な衝突が生じ、藩閥政府の超然主義は民党の攻勢に晒されて、政府予算案は第六七条の大権費目も含む大幅な削減を余儀なくされた。その「狭義の超然主義」に対する民党側の激しさと非妥協性は、政府と議会との調和を望んだ井上でさえ憤慨させるほどのものであった。そして、これ以降、初期議会期においては、政府と議会との関係をめぐって、第六七条問題を始めとして憲法の解釈や運用の問題が次々と生起し、改めて藩閥政府内で、そして藩閥政府と衆議院との間で、対立や妥協など様々な試行錯誤が、新たな合意の形成をめざして繰り広げられていくことになるのである。[19]

その模索の最中には、第一議会の激突のあと、内務省参事官だった都筑馨六《つづきけいろく》のように第六四条や第六七条の解釈について議会の予算審議権を厳しく制限する強硬論が主張されたこともあった。しかし、明治二五(一八九二)年二月二四日付渡辺国武宛書簡において、内務大臣の品川弥二郎が都筑の解釈について「〔憲法〕義解と一昨年来之《の》慣習とにて今後この方針に改むると申事は万出来ぬ事」と洩らしたように、『憲法義解』の文章(第六四条および第六七条の説明参照)と、「井上の憲法」によって制度化された議会は、そうした藩閥政府の一方的な憲法解釈を許さなかった。『憲法義解』と「井上の憲法」とには、確かに、明治日本が西欧立憲主義と遭遇した痕跡が刻まれていたのである。

（1）　本稿の全体にかかわるものとして、稲田正次『明治憲法成立史』上・下巻（有斐閣、一九六〇―六二年）、國學院大學梧陰文庫研究会編『明治皇室典範制定本史』（大成出版社、一九八六年）、坂本一登「明治憲法体制の成立」（『岩波講座日本歴史』第一六巻所収、岩波書店、二〇一四年）。なお、引用資料は、当該箇所の参考文献、および稲田『明治憲法成立史』を参照のこと。

また、『憲法義解』とほぼ同時平行的に作成された、『皇室典範義解』については、島善高「明治皇室典範の制定過程」（小林宏他編著『明治皇室典範（明治二二年）』上巻、信山社出版、一九九六年）を参照のこと。

（2）　木野主計『井上毅研究』（続群書類従完成会、一九九五年）。なお、井上毅についての引用は、井上毅伝記編纂委員会編『井上毅伝　史料篇』第一―六巻（國學院大學図書館、一九六六―七七年）による。

（3）　山室信一『法制官僚の時代――国家の設計と知の歴程』（木鐸社、一九八四年）。

（4）　山田央子「ブルンチュリと近代日本政治思想――「国民」観念の成立とその受容」

上・下（『東京都立大学法学会雑誌』第三二巻二号・第三三巻一号、一九九一―九二年）。

（5）栗城壽夫『一九世紀ドイツ憲法理論の研究』（信山社出版、一九九七年）。

（6）島善高「井上毅のシラス論註解――帝国憲法第一条成立の沿革」（梧陰文庫研究会編『明治国家形成と井上毅』所収、木鐸社、一九九二年）。島は、井上がブルンチュリの『国法汎論』を参考にして「シラス」論を展開したことを指摘し、このことが井上の皇位継承についての方針の変化、すなわち皇位の継承を天皇の意思ではなく皇位継承法によって確定するという方式に変えた理由だと解説している。

（7）齊藤智朗『井上毅と宗教――明治国家形成と世俗主義』（弘文堂、二〇〇六年）、同上「井上毅における伝統と近代――「シラス」論を中心に」（『明治聖徳記念学会紀要』第四六号所収、二〇〇九年）。

（8）E・ホブズボウム他編『創られた伝統』（前川啓治・梶原景昭訳、紀伊國屋書店、一九九二年、原著一九八三年）。

（9）J・ジーメス『日本国家の近代化とロェスラー』（本間英世訳、未來社、一九七〇年）。

（10）坂井雄吉『井上毅と明治国家』（東京大学出版会、一九八三年）。

（11）清水伸『帝国憲法制定会議』（岩波書店、一九四〇年）。

(12) 三浦裕史編『大日本帝国憲法衍義——伊東巳代治遺稿』(信山社出版、一九九四年復刻)。なお、この時期、伊東は、ロエスレルの援助を得ながら、明治憲法と『憲法義解』の英訳を行っている。それが、井上との差異をより一層意識させる契機になったと思われる。

(13) 佐々木隆『藩閥政府と立憲政治』(吉川弘文館、一九九二年)、柴田紳一「帝国憲法第六十七条施行法(会計法補則)制定問題と井上毅」(前掲、梧陰文庫研究会編『明治国家形成と井上毅』所収)。

(14) 小嶋和司「明治二三年法律第八四号の制定をめぐって——井上毅と伊東巳代治」(芦部信喜・清水睦編『日本国憲法の理論』所収、有斐閣、一九八六年)。

(15) 井上は、二度辞職を申し出ている。一度目は明治二三(一八九〇)年七月一一日、二度目は一〇月一〇日。しかし、首相山県はどちらの辞職も許さなかった。一度目は病気が名目であるが、二度目の理由書にこう書かれている。「命令に軽罪を附する法律発布の日、生は已《すで》に時事是迄《これまで》也と存じ候て辞職の決心」をした、と。また、井上の憲法第二三条を重視する姿勢は、明治二四年五月の大津事件の際にも明瞭である。この時、政府側は、ロシア側の報復を恐れ、皇室罪(旧刑法第一一六条)を拡大解釈するなど、超法規的措置によって犯人津田三蔵を死刑にしようとしたが、井上は、盟友の尾崎三良《さぶろう》らとともに、憲法第二三条および罪刑法定主義に基づいて、徹頭徹尾、反対を貫いた。木野主計「大津事件と井上毅」(前掲、『井上毅研究』所収)参照。なお、井上は、この時期、明治二三年一〇月三〇日に発布された教育勅語の制定にも関わっているが、井上自身は立憲主義の観点から勅語の制定には消極的だった。明治二三年六月二〇日、井上は、協力の要請を受けた首相山県に対して、次のように書き送っている。「今日の立憲政体の主義に従へば君主は臣民の心の自由に干渉せず」(「教育勅語意見」)。古典的研究として、海後宗臣『教育勅語成立史の研究』(厚徳社、一九六五年)を参照。

(16) 伊東巳代治『法律命令論——命令篇・法律篇』(信山社出版、二〇〇四年復刻)。なお、伊東の遺文書(「伊東巳代治関係文書」一六五、国立国会図書館憲政資料室蔵)には、「東京新報」の「法律第八十四号の廃棄」と題された新聞の切り抜きが保存されている。その論旨は、「第二十三条ありて第九条あるを知らざるの論」という伊東の立場を代弁するものであった。

(17) 坂野潤治『明治憲法体制の確立——富国強兵と民力休養』(東京大学出版会、一九七一年)、御厨貴『明治国家形成と地方経営——一八八一～一八九〇年』(東京大学出版会、一九八〇年)。

(18) 坂本一登「明治二十二年の内閣官制についての一考察」(犬塚孝明編『明治国家の政

策と思想』所収、吉川弘文館、二〇〇五年)。

(19) 前掲、佐々木『藩閥政府と立憲政治』。なお、立憲主義と天皇大権との関係をめぐる、井上と伊東との相克は、後年、形を変えながらも繰り返される明治憲法をめぐる論争の原型といえよう。

憲法義解《けんぽうぎげ》

1940年4月15日　第1刷発行
2019年6月14日　改版第1刷発行
2022年4月15日　第2刷発行

著　者　伊藤博文《いとうひろぶみ》

校註者　宮沢俊義《みやざわとしよし》

発行者　坂本政謙

発行所　株式会社　岩波書店
〒101-8002　東京都千代田区一ツ橋2-5-5
案内 03-5210-4000　営業部 03-5210-4111
文庫編集部 03-5210-4051
https://www.iwanami.co.jp/

印刷・精興社　製本・中永製本

ISBN 978-4-00-331119-6　Printed in Japan

読書子に寄す

——岩波文庫発刊に際して——

岩波茂雄

真理は万人によって求められることを自ら欲し、芸術は万人によって愛されることを自ら望む。かつては民を愚昧ならしめるために学芸が最も狭き堂宇に閉鎖されたことがあった。今や知識と美とを特権階級の独占より奪い返すことはつねに進取的なる民衆の切実なる要求である。岩波文庫はこの要求に応じそれに励まされて生まれた。それは生命ある不朽の書を少数者の書斎と研究室とより解放して街頭にくまなく立たしめ民衆に伍せしめるであろう。近時大量生産予約出版の流行を見る。その広告宣伝の狂態はしばらくおくも、後代にのこすと誇称する全集がその編集に万全の用意をなしたるか。千古の典籍の翻訳企図に敬虔の態度を欠かざりしか。さらに分売を許さず読者を繫縛して数十冊を強うるがごとき、はたしてその揚言する学芸解放のゆえんなりや。吾人は天下の名士の声に和してこれを推挙するに躊躇するものである。このときにあたって、岩波書店は自己の責務のいよいよ重大なるを思い、従来の方針の徹底を期するため、すでに十数年以前より志して来た計画を慎重審議この際断然実行することにした。吾人は範をかのレクラム文庫にとり、古今東西にわたって文芸・哲学・社会科学・自然科学等種類のいかんを問わず、いやしくも万人の必読すべき真に古典的価値ある書をきわめて簡易なる形式において逐次刊行し、あらゆる人間に須要なる生活向上の資料、生活批判の原理を提供せんと欲する。この文庫は予約出版の方法を排したるがゆえに、読者は自己の欲する時に自己の欲する書物を各個に自由に選択することができる。携帯に便にして価格の低きを最主とするがゆえに、外観を顧みざるも内容に至っては厳選最も力を尽くし、従来の岩波出版物の特色をますます発揮せしめようとする。この計画たるや世間の一時の投機的なるものと異なり、永遠の事業として吾人は微力を傾倒し、あらゆる犠牲を忍んで今後永久に継続発展せしめ、もって文庫の使命を遺憾なく果たさしめることを期する。芸術を愛し知識を求むる士の自ら進んでこの挙に参加し、希望と忠言とを寄せられることは吾人の熱望するところである。その性質上経済的には最も困難多きこの事業にあえて当たらんとする吾人の志を諒として、その達成のため世の読書子とのうるわしき共同を期待する。

昭和二年七月